# DINÂMICAS DE GRUPO
# PARA TREINAMENTO MOTIVACIONAL

Regina Bratfisch Simionato

# DINÂMICAS DE GRUPO
# PARA TREINAMENTO MOTIVACIONAL

| | |
|---|---|
| *Capa* | Fernando Cornacchia |
| *Foto de capa* | Rennato Testa |
| *Coordenação* | Beatriz Marchesini |
| *Copidesque* | Lúcia Helena Lahoz Morelli |
| *Diagramação* | DPG Editora |
| *Revisão* | Aurea Guedes de Tullio Vasconcelos, Maria Lúcia A. Maier e Solange F. Penteado |

**Dados Internacionais de Catalogação na Publicação (CIP)**
**(Câmara Brasileira do Livro, SP, Brasil)**

---

Simionato, Regina Gargantini Bratfisch
  Dinâmicas de grupo para treinamento motivacional/Regina G.B.
Simionato. – 8ª ed. – Campinas, SP: Papirus, 2012.

Bibliografia.
ISBN 978-85-308-0759-7

1. Administração de pessoal 2. Comunicação 3. Dinâmica de grupo
4. Psicologia industrial. I. Título.

12-08320                                                                 CDD-158.7

---

**Índices para catálogo sistemático:**

1. Comunicação no grupo: Dinâmica de grupo:
   Psicologia industrial                                    158.7

**8ª Edição – 2012**
**8ª Reimpressão – 2024**
**Tiragem: 80 exs.**

Exceto no caso de citações, a grafia deste livro está atualizada segundo o Acordo Ortográfico da Língua Portuguesa adotado no Brasil a partir de 2009.

Proibida a reprodução total ou parcial da obra de acordo com a lei 9.610/98.
Editora afiliada à Associação Brasileira dos Direitos Reprográficos (ABDR).

DIREITOS RESERVADOS PARA A LÍNGUA PORTUGUESA:
© M.R. Cornacchia Editora Ltda. – Papirus Editora
R. Barata Ribeiro, 79, sala 316 – CEP 13023-030 – Vila Itapura
Fone: (19) 3790-1300 – Campinas – São Paulo – Brasil
E-mail: editora@papirus.com.br – www.papirus.com.br

Agradeço:

*A Deus.*
*À minha família, que me ensinou os primeiros passos.*
*À minha filha, que me deu oportunidade de reproduzi-los.*
*Aos meus tão doces e valiosos amigos.*
*Aos meus colegas de trabalho, destacando o queridíssimo Serginho Pietrobom.*
*A todos os que já participaram das minhas oficinas:*
*sem dúvida, vocês foram os que mais me ensinaram.*
*À minha parceira em muitos treinamentos,*
*psicóloga Maria Aparecida Coli Beghini.*
*Ao professor doutor Geraldo José Ballone,*
*por ter me oferecido a primeira oportunidade profissional.*

Dedico este livro:

*A todos os professores que tive até hoje:*
*vocês foram joias preciosas na construção do meu conhecimento.*

*Ao meu marido Fábio,*
*por me incentivar e dividir comigo a minha trajetória.*

*Seria maravilhoso não ter que encontrar dificuldades; no entanto, da mesma forma que os exames estimulam os estudos de uma pessoa, sem as dificuldades não pode haver progresso ou desenvolvimento. Não agir pelo bem é o mesmo que corresponder ao mal. Não avançar é o mesmo que retroceder. Fugir perante a luta é o mesmo que abandonar a fé. "O desespero é o refúgio dos tolos" — assim diz o ditado. Enquanto mantiverem a esperança, enquanto empreenderem ações corajosas para lutar, podem estar certos de que a primavera irá chegar novamente. Um provérbio russo diz: "Não existe inverno no reino da esperança".*

Daisaku Ikeda

# SUMÁRIO

PREFÁCIO    13
*Geraldo José Ballone*

APRESENTAÇÃO    17

INTRODUÇÃO    19

*Por que dinâmicas de grupo?*

*Em que consiste o "sentimento de gostar do que faz"?*

*O que pode fazer a diferença?*

*Algumas considerações sobre o facilitador
das oficinas de treinamento motivacional*

*Alguns comentários sobre a preparação
das oficinas de treinamento motivacional*

## DINÂMICAS DE GRUPO

1. O VOO DO PÁSSARO    25
2. A LISTA    29
3. DIZEM QUE SOU LOUCO    35
4. BOLA EM CÍRCULO    39
5. OS ÍNDIOS    43
6. ONDE É QUE ESTÁ?    47
7. COLAR DE LETRAS    51
8. TRENZINHO DA MASSAGEM    55
9. BOLINHAS DE SABÃO    59
10. DANÇA DAS BEXIGAS    63
11. RODA DE AMIGOS    67
12. RELAXAMENTO PELA RESPIRAÇÃO    69
13. O PERSONAGEM    71
14. AVIÕEZINHOS DE ELOGIOS    75

| | |
|---|---|
| 15. ENERGIZAÇÃO EM DUPLAS | 79 |
| 16. FITAS COLORIDAS | 83 |
| 17. MOVIMENTANDO A RODA | 87 |
| 18. MONTAGEM COM ARGILA | 91 |
| 19. FURO DE REPORTAGEM | 95 |
| 20. O BALÃO | 99 |
| 21. PRESENTINHOS | 101 |
| 22. DESPEDIDA COM FLORES | 103 |
| PAINÉIS DE AVALIAÇÃO | 105 |
| SUGESTÕES PARA DIVISÃO DO GRUPO EM SUBGRUPOS | 109 |
| SUGESTÕES DE MENSAGENS PARA ORNAMENTAÇÃO DA SALA DE TREINAMENTO | 111 |
| CONSIDERAÇÕES FINAIS | 115 |
| TABELA DE CLASSIFICAÇÃO DAS DINÂMICAS DE GRUPO | 117 |
| BIBLIOGRAFIA | 119 |

# PREFÁCIO

Com muito orgulho e muito prazer aceitei o convite para elaborar o Prefácio desta obra tão genial (por isso, realmente, foi um *pré-fácil*). Muitos anos antes deste atual prazer, pude acompanhar, pessoalmente, os primeiros passos profissionais da terapeuta ocupacional Regina e, lembrando dessa época e de seu trabalho, ficou mais fácil entender os propósitos de seu livro.

Acredito, realmente, que o tema abordado aqui teve inspiração absoluta no manejo da autora com equipes de trabalho e que grande parte de seu sucesso como terapeuta ocupacional não aconteceria sem sua sensibilidade e sua aptidão para lidar com essas equipes.

Regina fala, com propriedade, que os "conflitos num grupo se manifestam quando não se desenvolvem a autoconfiança e a mútua confiança. Entraves resultam quando a vontade de fazer e a expressão dessa vontade são relegadas a segundo plano".

Em minha opinião, até por dever de ofício, a "palavra-chave" aqui e no decorrer de sua obra é *vontade*. Será em torno da vontade que fluirão suas ideias, sugestões e, principalmente, sua experiência.

Como psiquiatra, reconheço os limites de minha ciência em relação à vontade. A psiquiatria clínica e biológica pode, atualmente, controlar as alucinações, os delírios, os desatinos afetivos, as ansiedades mórbidas e toda a plêiade de sintomas delas decorrentes, as doenças crônicas, como as psicoses, os transtornos bipolares, alguns quadros neuropsiquiátricos, enfim, a psiquiatria pode contribuir muitíssimo para a qualidade de vida das pessoas com sintomas e problemas nas mais diversas áreas da atividade psíquica. Entretanto, um problema crucial continua nos desafiando: a vontade, ou seja, a expressão psíquica do livre-arbítrio.

E, orbitando em torno da vontade, Regina aborda as motivações, detecta as desmotivações e enaltece as técnicas e possibilidades motivacionais.

Quando eu lecionava, gostava de citar ditados e provérbios – alguns totalmente fora de contexto, outros sem significado claro, mas, invariavelmente, todos de retórica impecável. Gostava muito de um deles, que dizia: "Embora possamos ser pessimistas quanto às situações atuais, devemos ser otimistas quanto às condições de agir". Acho que essa citação está de bom tamanho para ilustrar a determinação de quem se propõe a desenvolver um trabalho motivacional para equipes.

Vivendo uma época em que dois fatores, no mínimo, parecem concorrer para que o trabalho, individual ou em equipe, seja experimentado como uma espécie de estorvo à vida das pessoas, Regina elabora métodos e técnicas capazes de restituir a motivação laborativa e, principalmente, a motivação para que se faça isso em equipe.

Entre esses dois fatores, lembro, primeiro, os apelos para as atividades culturais, de lazer, de turismo, enfim, a grande variedade de estímulos que parecem esmaecer o gosto pelo trabalho, tornando-o apenas um meio pelo qual os outros atrativos da vida possam ser materialmente viabilizados (trabalho como fonte de dinheiro).

Em segundo, vem a questão da tal "equipe". A própria autora reconhece que

> (...) existem outros fatores desmotivadores e desestruturais no ambiente de trabalho, e entre eles estão: a competitividade exagerada, a ausência de reforços positivos e de reconhecimento pelo profissional e, principalmente, a carência de investimentos por parte de algumas empresas, no que se refere a programas de treinamento e desenvolvimento de recursos humanos.

Entre todos esses argumentos citados por Regina, não há dúvida de que a sintonia entre as pessoas é o ponto crucial. No macrocosmo social, vemos a falta de sintonia humana entre grupos étnicos; no microcosmo, a desarmonia grassa entre as famílias; entre o macro e o microcosmo, as dissonâncias aparecem entre as equipes e nos ambientes de trabalho.

Se, em outras épocas (não se excluindo hoje em dia), o trabalho em si já era muitas vezes um forte desestímulo ao bem-estar social e se, além disso, a interferência incômoda do "chefe" potencializava esse desestímulo, a tragédia toda se completava magnanimamente com as querelas advindas das equipes de trabalho.

Pois bem, a terapeuta ocupacional Regina decididamente não maquiou com doces palavras os dissabores do relacionamento ser humano-trabalho-equipe. Ela propõe que essa dinâmica toda seja estimulada com outro afeto, com outra representação emocional. Para ela, o facilitador (que não guarda nenhum ranço da figura do "chefe") deve ter sua disponibilidade estimulada basicamente pelo "sentimento de gostar do que faz", característica que se fará acompanhar de dedicação, vontade de compartilhar, compromisso e desejo de contribuir para que as pessoas concluam as oficinas de treinamento motivacional sentindo-se melhores, mais fortalecidas e mais felizes.

*A obra de Regina é fortemente calcada sobre a figura do "facilitador". Sugere que*

*(...) dentre as diversas formas de investimento no desenvolvimento do potencial humano, estão inseridas as oficinas de treinamento motivacional. Essas oficinas, se conduzidas por facilitadores experientes, tendem a reacender a chama de interesse e dedicação dos profissionais envolvidos, resultando numa melhoria substancial na qualidade das equipes de trabalho.*

*Como se verá na seção intitulada "Dinâmicas de grupo", o conforto emocional, mais precisamente afetivo, será estimulado e resultará em melhor sensação de bem-estar. Talvez até devesse propor que tais técnicas ultrapassassem os limites do trabalho e se aplicassem no alívio das angústias geradas por nosso mundo moderno e caótico.*

*O treinamento motivacional é, para Regina, "um antídoto à robotização de funcionários e ao aniquilamento humano das pessoas, tornadas verdadeiras engrenagens para o meio de produção", lembrando com clareza as imagens vislumbradas por Chaplin, no filme Tempos modernos (1936).*

*A maneira como Regina propõe esse treinamento motivacional é ousada, principalmente levando-se em conta o materialismo sufocante do sistema de produção. Ela busca o sublime do espírito humano, procura resgatar a sensibilidade de cada um, notadamente a sensibilidade esmaecida pelo individualismo, ou a falta de sensibilidade em relação a nossos semelhantes.*

*Finalmente, o que chama a atenção no livro de Regina é a objetividade, a criatividade e a coragem com que apresenta suas técnicas.*

*A obra mais se aproxima de uma bula de procedimentos concretos do que de mais uma das divagações reflexivas sobre as teorias motivacionais. Sem se afastar da sensibilidade desejável aos terapeutas ocupacionais, o livro é um verdadeiro manual prático para ser aplicado de imediato.*

*Geraldo José Ballone*
*Médico psiquiatra*

# APRESENTAÇÃO

No decorrer da minha vida profissional, passei por várias experiências, sempre trabalhando com pessoas.

Cresci muito com a maravilhosa lição de atender bebês, que por várias causas apresentavam atraso no desenvolvimento neuropsicomotor, e suas famílias.

Depois, vivenciei a oportunidade de atender aqueles que comumente são tidos por "pacientes psiquiátricos", tanto crianças como adolescentes e adultos, e então tive espaço para me aproximar dos que apresentavam comportamentos classificados como "autistas". Esta talvez tenha sido a mais sublime lição para meu desenvolvimento profissional até o momento.

Nessa ocasião, a cada dia eu tinha a clara percepção de que estava tendo o privilégio de ter aulas particulares... lecionadas por Deus.

Aproveitei cada segundo dessa chance que, certamente, não poderia ser desperdiçada, pois talvez eu nunca mais deparasse, nesta vida, com tal possibilidade de aprendizagem.

Paralelamente a essa carruagem de ensinamentos e emoções que eu vivia, fui percebendo que havia colegas de trabalho que eram muito necessários e que sabiam fazer maravilhosamente bem as coisas a que tinham se proposto; alguns deles, porém, tinham o olhar opaco...

Comecei, por algum motivo, a me interessar em entender o porquê disso e pude observar que, de alguma forma, esse sintoma tinha origem na solidão e no descaso ao profissional, o que resultava em perda da motivação.

Essa reflexão se estendeu a profissionais de todas as áreas; da simples reflexão passou a pesquisas e estudos. Eu estava realmente intrigada com relação à qualidade de vida que têm as pessoas que trabalham. Eu não tinha mais dúvidas: era hora de investir nelas.

Tudo o que eu tinha como bagagem de vida profissional precisava ser reforçado, renovado, recriado, para entregar àquelas pessoas a possibilidade do brilho no olhar.

Deus haveria de me conduzir a outras escolas e eu, de minha parte, iria me empenhar muito para aprender novas lições, ainda que tivesse que ficar para recuperação e refazer as provas milhões de vezes.

Eu estava certa de que, se precisasse, teria novamente aulas particulares.

Assim, frequento agora essa nova escola.

A cada dia aprendo um turbilhão de coisas e, o que já aprendi, tenho o dever de compartilhar.

## INTRODUÇÃO

Caro leitor: tenho como proposta, para este livro, apresentar-lhe algumas dinâmicas de grupo inéditas, bem como seu detalhamento e sua aplicabilidade em oficinas de treinamento motivacional.

As dinâmicas aqui detalhadas podem, entretanto, ser adaptadas e utilizadas em grupos terapêuticos com outros objetivos que não o motivacional.

É interessante, contudo, tecer breves considerações prévias, para que na prática essas técnicas possam gerar uma experiência fascinante e alcançar resultados compensadores.

### POR QUE DINÂMICAS DE GRUPO?

Acredito ser esse um instrumento incisivo na arte da motivação. Necessário se faz que conjuntos de pessoas encontrem o sentimento de compartilhar para que atinjam resultados saudáveis e eficazes em suas produções diárias.

O sentimento de compartilhar só é autêntico se baseado no autoconhecimento e no respeito à individualidade de cada membro das equipes de trabalho, abolindo, entretanto, o individualismo e a vaidade do seu núcleo estrutural de funcionamento.

Conflitos num grupo se manifestam quando não se desenvolvem a autoconfiança e a mútua confiança. Entraves resultam quando a vontade de fazer e a expressão dessa vontade são relegadas a segundo plano.

Vontades reais são alicerçadas no que denomino de "sentimento de gostar do que faz". Gostar do que faz é tão ou mais importante do que aprender a fazer bem o que faz.

Partindo do pressuposto de que existe, nos membros de uma equipe de trabalho, o "sentimento de gostar do que faz", treinamentos motivacionais instrumentalizados com dinâmicas de grupo passam a ser medicação eficaz no combate ao desânimo e aos mal-estares do inter-relacionamento pessoal, com consequente produção de qualidade.

# Em que consiste o "sentimento de gostar do que faz"?

Responder a essa questão implica, entre outras premissas, analisar os diferentes caminhos que conduzem as pessoas à escolha profissional.

Essa opção, não raras vezes, tem origem no papel prescrito ao futuro profissional. O papel pode ser prescrito pela família, pela própria pessoa vítima de um autoconhecimento insuficiente, pela ideia de *status* advinda da sociedade na qual essa pessoa está inserida ou pelo falso conceito de poder e de riqueza que se pretende alcançar.

Escolher uma profissão requer mais do que sonhar com um futuro de sucesso. Significa, isto sim, mergulhar no presente, no conhecimento mais profundo que a pessoa possa ter das próprias habilidades e preferências, planejar com cuidado e delicadeza a trajetória a ser percorrida e investir na sondagem de possibilidades reais das profissões existentes. Vencida com sucesso essa etapa, é muito provável que seja formado, no futuro, um profissional imbuído do "sentimento de gostar do que faz" e que, consequentemente, conserve vontades reais alicerçadas nesse sentimento.

Além desse caminho, existem outros que resultam numa escolha profissional satisfatória e que também desembocam no "sentimento de gostar do que faz".

Nesses casos, encontramos profissionais que foram conduzidos às atividades que exercem em decorrência de oportunidades oferecidas pela própria vida. São aquelas pessoas que, por exemplo, ingressaram jovens numa empresa e acumularam conhecimento por meio da perseverança e do comprometimento. Também aí deparamos com o "sentimento de gostar do que faz" — este, porém, resultante da prática laboral e não produto de uma escolha prévia e planejada.

Todos os profissionais que carregam esse sentimento conseguem acompanhar as mudanças, moldam-se, adaptam-se às inovações do mercado de trabalho, constroem vontades reais em sua vida profissional, desenvolvem e conservam a emoção de compartilhar. Para eles, raramente a rotina incomoda a ponto de tornarem-se meros cumpridores de seus "deveres", pois são profissionais que aproveitam em nível máximo as oportunidades oferecidas em cursos de capacitação, investem muito de si e em si para que haja constante crescimento de suas potencialidades e colaboram ativamente para com o desenvolvimento de suas equipes de trabalho. Beneficiam-se, sem dúvida, de treinamentos motivacionais e conseguem reverter essas experiências favorecendo e estimulando seus grupos de trabalho, sempre contribuindo para uma melhor qualidade do coletivo. Na verdade, esses profissionais necessitam mais de ajustes motivacionais periódicos do que de motivação propriamente dita, uma vez que estão sendo constantemente autoalimentados pelo "sentimento de gostar do que fazem".

Existe, entretanto, outro grupo de profissionais que provoca, entre as várias desvantagens numa equipe, a desmotivação de seus componentes. Refiro-me, aqui, àqueles que, além de não comportarem o "sentimento de gostar do que fazem", nutrem a falta permanente de entusiasmo, minam a energia de suas equipes, tendem a destruir a positividade das propostas das pessoas e empresas, não acreditam em programas de qualidade e capacitação e acabam por afetar de forma negativa e importante a convivência grupal. Não raras vezes, foram vítimas de escolhas profissionais baseadas em papéis prescritos ou consequentes às suas necessidades financeiras e de responsabilidades para com seus grupos familiares, ou seja, iniciaram a vida laboral enfocando o objetivo material e priorizaram basicamente esse aspecto ao longo de suas trajetórias, deixando de lado o prazer da realização profissional, o desenvolvimento pessoal dentro dos seus grupos de trabalho e o sentimento de compartilhar. Com o passar do tempo, foram se acomodando e permitindo que a própria energia ficasse minimizada. Essas pessoas quase sempre reclamam da vida, dos colegas, da empresa, estressam-se com facilidade e têm um grande sonho: a aposentadoria! São pessoas que não vislumbram o futuro com sabedoria e expectativas de melhora, que passam a viver hora após hora, numa interminável contagem de tempo de serviço, e que geralmente contaminam suas equipes de trabalho com seu desânimo e desalento.

Tais pessoas podem ser beneficiadas pelos programas de treinamentos motivacionais, se bem estimuladas à autoanálise e ao autoconhecimento. As pessoas que se enquadram nesse grupo podem reverter o desânimo para o "sentimento de gostar do que fazem", descobrindo e permitindo o renascimento de seus potenciais criativos.

Mas existem também outros fatores desmotivadores e desestruturais no ambiente de trabalho, e entre eles destaco a competitividade exagerada, a ausência de reforços positivos e de reconhecimento ao profissional e, principalmente, a carência de investimentos por parte de algumas empresas, no que se refere a programas de treinamento e desenvolvimento de recursos humanos.

## O QUE PODE FAZER A DIFERENÇA?

Atualmente, algumas empresas e até mesmo instituições públicas têm o pensamento voltado para o crescimento do potencial humano e a melhoria contínua da qualidade de vida de seus funcionários, entendendo-os como colaboradores e não simplesmente como trabalhadores.

Nesses segmentos, observa-se o incentivo aos programas de aprendizagem sistemática dos funcionários; neles, os líderes têm como principal missão mediar ideias e sentimentos do grupo e não apenas resolver problemas. À equipe são propostos treinamentos com base no autoconhecimento, desenvolvimento das relações interpessoais, favorecimento para aprendizagem de comportamentos assertivos e possibilidade de expressão das habilidades e sensibilidade.

Outras empresas e instituições, entretanto, pouco ou nada investem em recursos humanos, e suas máquinas operacionais permanecem movidas por grandes engrenagens que apenas sobrevivem, quase sem combustível e sem manutenção.

Refletindo sobre essas grandes engrenagens, pode-se concluir que elas são constituídas por pessoas que trabalham, que têm sonhos, aspirações e que, nesses casos, acabam sendo reduzidas ao simples conceito de "funcionários".

Dentro desse parâmetro, é fácil perceber que, com o passar do tempo, vai sendo instalado um comportamento robotizado, que acaba por desvirtuar os objetivos iniciais das pessoas que constituem essas grandes engrenagens. Isso resulta no aniquilamento de seus sonhos, projetos e desejos profissionais que certamente existiram um dia.

Em decorrência desse processo, começam a brotar sentimentos de baixa auto-estima, frustrações, queda do potencial criativo, e a vida passa a se resumir a cumprir uma rotina estressante, que deixa de ser questionada, passando, o trabalhador, a assumir uma postura de conformismo e desalento perante a realidade.

Consequente a esses fatores, há uma evidente estagnação da qualidade de vida das pessoas, surgindo, em muitos casos, somatização de doenças, canalização das insatisfações a comportamentos viciosos e sintomas de desestrutura psicológica. Nesse ponto da trajetória, praticamente não existe a perspectiva de melhora, uma vez que a energia pessoal encontra-se minada e os canais sensoriais estão bloqueados às percepções de novos rumos.

A somatória de pessoas com essas características, instaladas em equipes de trabalho, forma um conjunto que pouco ou nada tem a oferecer de efetivo para a evolução das empresas ou instituições.

Essas são pessoas que merecem investimentos concretos por parte dos administradores de recursos humanos, no sentido de oferecer-lhes subsídios para que possam desenvolver, em nível máximo, suas potencialidades com consequente melhoria em sua qualidade de vida.

Dentre as diversas formas de investimento no desenvolvimento do potencial humano, estão inseridas as oficinas de treinamento motivacional. Essas oficinas, se conduzidas por facilitadores experientes, tendem a reacender a chama de interesse e dedicação dos profissionais envolvidos, resultando numa melhoria substancial na qualidade das equipes de trabalho.

## ALGUMAS CONSIDERAÇÕES SOBRE O FACILITADOR DAS OFICINAS DE TREINAMENTO MOTIVACIONAL

Um facilitador de grupos normalmente é contratado para realizar o trabalho por meio de consultorias, mas também existe, em algumas empresas ou instituições, esse profissional em caráter permanente. Nesse caso, o facilitador é profissional da própria empresa ou instituição, tendo como missão desenvolver treinamentos motivacionais periódicos para o quadro de funcionários.

Todo facilitador, além de uma boa formação técnica que lhe assegure confiança para planejar e conduzir grupos, deve ser versátil, conservar a curiosidade explorando ao máximo seu potencial criativo, não se atendo apenas à aplicação de dinâmicas já conhecidas, pesquisadas em livros ou apostilas.

O facilitador precisa adequar-se ao seu público-alvo em cada situação específica, sem deixar de conservar seu senso crítico e de desenvolver a habilidade de acolher pessoas.

Tendo em conta que os treinandos, via de regra, ao iniciarem sua participação num grupo de dinâmicas, manifestam ansiedades, inibições, inseguranças e medo do desconhecido, é imperativo que o facilitador os acolha com serenidade e amenize a poeira inicial.

As características e os comportamentos acima descritos, bem como outros próprios da expressividade emocional, tenderão a surgir em determinados momentos das oficinas de trabalho e necessitarão de intervenções assertivas por parte do facilitador.

O facilitador deve também desenvolver e manter sua humildade e consciência grupal, pois, embora ele esteja na coordenação do grupo, ele é parte integrante desse grupo e sua postura deve ser sempre coerente, adequada à demanda de todos. Um facilitador vaidoso pode pôr a perder a oportunidade de um trabalho coletivo centrado na harmonia, na compreensão, no equilíbrio de energias e na troca de experiências. A falta de humildade e a vaidade excessiva têm origem, muitas vezes, na insegurança do facilitador, daí a necessidade de um rigoroso preparo técnico e pessoal para que ele planeje e conduza os encontros de forma ricamente produtiva.

Sobretudo, o facilitador deve ter disponibilidade interna, e essa disponibilidade é deflagrada basicamente pelo "sentimento de gostar do que faz", vindo sempre acompanhada de dedicação, vontade de compartilhar, compromisso e desejo de contribuir para que as pessoas concluam as oficinas de treinamento motivacional sentindo-se melhores, mais fortalecidas e mais felizes.

É importante ressaltar ainda que o facilitador, embora tenha responsabilidades para com o grupo, não é o próprio grupo; resultados positivos surgem em maior ou menor escala, dependendo da colaboração e do envolvimento dos treinandos, bem como das condições que serão oferecidas para aplicabilidade desses resultados na prática cotidiana pós-treinamento.

## Alguns comentários sobre a preparação das oficinas de treinamento motivacional

O planejamento das oficinas inclui prévias entrevistas com os solicitantes do treinamento, observando-se:

- quais serão os objetivos básicos a serem alcançados no treinamento;
- como será organizada a divisão das pessoas da equipe de trabalho para participação no treinamento, a fim de que não haja prejuízos na rotina da empresa ou instituição;
- qual a carga horária prevista para o desenvolvimento dos trabalhos e como distribuí-la no cronograma de treinamento;
- a necessidade de envio, com antecedência, de aviso aos futuros treinandos, constando datas de realização dos encontros, local, carga horária, horário de início e de término diário das oficinas, bem como um lembrete para que na ocasião trajem roupas leves e confortáveis.

Esse último item é de fundamental importância para que as pessoas possam se organizar antecipadamente e comparecer às oficinas de treinamento com o mínimo de preocupações possível.

Com relação ao material, particularmente, prefiro confeccionar o que pretendo utilizar nas oficinas que coordeno, sempre que isso é possível. Esse é um exercício que, na verdade, contribui para o desenvolvimento da criatividade do facilitador, além de abrir canais de sintonia com o grupo a ser coordenado.

Além do preparo do material, atenção especial deve ser dispensada ao local (sala) onde serão realizadas as oficinas. Acredito que o acolhimento ao grupo inicia-se já no momento da chegada dos participantes ao espaço onde serão desenvolvidas as atividades. Por esse motivo, sempre que possível, deve-se valorizar o ambiente, fixando-se nas paredes, por exemplo, algumas mensagens que traduzam afeto, espiritualidade e valorização pessoal.

Esses são alguns detalhes que aparentemente não têm a menor importância, porém observo, na prática, que contribuem para fazer a diferença no resultado final.

Além do material confeccionado e dos cuidados dispensados ao ambiente, alguns itens que poderão ser necessários, tais como aparelho de som, televisão e vídeo (ou DVD), *data-show*, lousa ou *flip-chart*, entre outros, deverão ser providenciados antecipadamente, evitando, assim, surpresas desagradáveis durante os encontros.

Esses tópicos são básicos e deverão ser acrescidos de outros, de acordo com a particularidade de cada caso.

O tempo médio previsto para a realização e a discussão de cada dinâmica, considerando-se um grupo formado por aproximadamente 30 pessoas, é de uma hora e meia.

Caro leitor, isso posto, proponho-lhe passar agora às dinâmicas de grupo, visto que esse é o objetivo principal deste livro.

# 1 — O VOO DO PÁSSARO

## OBJETIVOS

☑ Favorecer o início de um encontro num ambiente harmônico.

☑ Promover a apresentação das pessoas que estão compondo o grupo.

## MATERIAL

☑ Música: "Aldebaran" (Enya).

☑ Um envelopinho com mensagem para cada integrante do grupo.

## PROCEDIMENTO

a)  Ao iniciar a música, o facilitador solicitará que as pessoas se deitem confortavelmente e iniciará um relaxamento com a seguinte voz de comando: "Feche os olhos bem devagar. Respire pelo nariz e solte o ar pela boca... Novamente, respire pelo nariz e solte o ar pela boca... Mais uma vez, respire pelo nariz e solte o ar pela boca... Agora, imagine um lindo pássaro alaranjado. Imagine o tamanho do pássaro, os detalhes de suas asas e penas, sua cor laranja brilhante... em várias tonalidades de laranja. Esse pássaro laranja lhe transmite muita energia positiva e muita paz. Ele voa alto... por lugares belíssimos... voa por um campo cheio de flores... flores bem coloridas... azuis... amarelas... vermelhas... cor-de-rosa... brancas... Flores perfumadas que se movem lentamente, acariciadas por uma leve brisa... Nesse campo, existem montanhas verdinhas e árvores de uma beleza extraordinária que você nunca viu antes. O pássaro laranja voa... voa... voa... Encontra-se com borboletas muito coloridas e parece brincar com elas... O pássaro laranja continua voando... e encontra-se mais adiante com outros pássaros... brancos... verdes... azuis... amarelos... Voa juntamente com eles, deslizando pelo ar... O dia está muito bonito, com uma brisa suave, o céu aberto... bem azulzinho... algumas nuvens bem branquinhas... e o Sol reflete seus raios nas penas do seu pássaro laranja, deixando-as num tom de rara beleza. Admire por alguns instantes o voo do seu lindo pássaro laranja sobre o campo

25

Dinâmicas de grupo para treinamento motivacional

de flores coloridas. Sinta profundamente a paz que este momento está lhe proporcionando... Aos poucos, o seu pássaro laranja começa a se aproximar desse local onde você está agora... e traz com ele, para você, um sentimento de profunda compreensão... amor... tranquilidade... equilíbrio... paz... e uma bonita mensagem. Abra os seus olhos bem devagarzinho, espreguice-se, boceje e pegue, ao seu lado, a mensagem deixada para você pelo seu pássaro laranja".

> Obs.: Enquanto o facilitador estiver conduzindo o relaxamento, deverá caminhar lentamente pela sala, por entre os participantes, e depositar um envelopinho com uma mensagem para cada um. Assim, ao término do relaxamento, cada pessoa encontrará uma mensagem ao seu lado.

b) Após o relaxamento, os participantes deverão sentar-se formando um círculo, e cada um deles lerá, para o grupo todo, a mensagem que recebeu do seu pássaro laranja.

c) Além da leitura da mensagem recebida, cada integrante deverá apresentar-se ao grupo, dizendo seu nome e algumas informações (pessoais ou profissionais) previamente solicitadas pelo facilitador.

## PONTOS A SEREM LEVANTADOS NA DISCUSSÃO

☑ Por se tratar de uma dinâmica de apresentação, o facilitador dará as boas-vindas ao grupo e oferecerá um espaço de tempo para que, se alguém quiser fazer alguma colocação, possa fazê-la nesse momento. É natural, entretanto, que, em se tratando de um contato inicial, as pessoas se sintam ainda inseguras ou inibidas e não desejem manifestar-se. Nesse caso, não é pertinente levantar nenhum ponto para discussão nessa etapa da oficina.

## SUGESTÕES DE MENSAGENS PARA SEREM COLOCADAS NOS ENVELOPINHOS

☑ Faça da sua vida um sonho e desse sonho uma realidade. (Giuseppe)

☑ Nosso cérebro é o melhor brinquedo já criado: nele se encontram todos os segredos, inclusive o da felicidade. (Charles Chaplin)

☑ A melhor maneira de ser feliz é contribuir para a felicidade dos outros. (Padre Mustafá)

☑ Não é a força, mas a constância dos bons sentimentos que conduz os homens à felicidade. (Friedrich Nietzsche)

- ☑ Quase sempre a maior ou menor felicidade depende do grau da decisão de ser feliz. (Abraham Lincoln)
- ☑ Creio que Deus nos colocou nesta vida para sermos felizes. (Baden Powel)
- ☑ A felicidade às vezes é uma bênção, mas geralmente é uma conquista. (Paulo Coelho)
- ☑ A primeira lei da natureza é a tolerância – já que temos todos uma porção de erros e fraquezas. (Voltaire)
- ☑ Não exijas de ninguém senão aquilo que pode realmente dar. (Antoine de Saint-Exupéry)
- ☑ O amor é o sentimento dos seres imperfeitos, posto que a função do amor é levar o ser humano à perfeição. (Aristóteles)
- ☑ Há homens que lutam um dia e são bons. Há outros que lutam um ano e são melhores. Há os que lutam muitos anos e são muito bons. Mas há os que lutam toda a vida, e estes são imprescindíveis. (Bertolt Brecht)
- ☑ Quem tem um verdadeiro amigo pode afirmar que tem duas almas. (Eli Behar)
- ☑ Você nunca é derrotado até o dia em que desiste. (Mike Ditka)
- ☑ Não estrague o seu dia: as contrariedades não alteram a natureza das coisas. (André Luiz)
- ☑ A felicidade não depende do que nos falta, mas do bom uso que fazemos do que temos. (Thomas Hardy)
- ☑ A experiência mostra que amar não é olhar um para o outro, mas olharem juntos na mesma direção. (Antoine de Saint-Exupéry)
- ☑ A grandeza não consiste em receber honras, mas em merecê-las. (Aristóteles)
- ☑ Não estrague o seu dia: o seu desânimo não edificará ninguém. (André Luiz)
- ☑ Se você depender de as pessoas se importarem com o que diz, estará dependendo do outro para a sua felicidade. (Richard Bach)
- ☑ Quando todos os dias ficam iguais é porque deixamos de perceber as coisas boas que aparecem em nossa vida sempre que o Sol cruza o céu. (Paulo Coelho)

# 2 — A LISTA

## OBJETIVOS

☑ Estimular o autoconhecimento e a percepção da importância de vínculos afetivos saudáveis.

☑ Resgatar emoções esquecidas no decorrer da vida.

☑ Repensar a necessidade da contribuição pessoal para que haja enriquecimento nos inter-relacionamentos pessoais.

## MATERIAL

☑ Papel sulfite e canetas esferográficas.

☑ Músicas: "A lista" (Oswaldo Montenegro) e "Estrada nova" (Oswaldo Montenegro).

☑ Letra da música "A lista", que deverá ficar com o facilitador.

☑ Texto: "O destino de cada um" (autor desconhecido).

☑ Um colar de coração duplo para cada participante, confeccionado da seguinte maneira: recorte dois corações de papel *color-set* vermelho com aproximadamente 14 x 16 cm. Depois, cole um sobre o outro pelas beiradas, deixando uma abertura em uma das laterais e fixando entre os dois, na parte superior, uma alça de lastex de uns 30 cm, formando, assim, um "colar".

## PROCEDIMENTO

a) O facilitador orientará cada participante a pegar uma folha de papel sulfite e uma caneta; depois, pedirá que se sentem relativamente afastados uns dos outros e explicará que a dinâmica consistirá na elaboração de uma lista pessoal. Comunicará que essa lista não será lida por ninguém, em hipótese alguma.

b) Quando todos estiverem posicionados, o facilitador colocará a música "A lista" e, a cada estrofe cantada, dará uma pausa para que as pessoas possam ir construindo sua lista pessoal.

> *O facilitador, de posse da letra da música, deverá ler, no momento da pausa, a estrofe já cantada, contribuindo, assim, para que as palavras sejam bem entendidas por todos.*

c) Assim seguirá a elaboração da lista pessoal até o final da música, quando então será entregue um colar de coração para cada participante.

d) O facilitador lembrará ao grupo que, se essa lista nasceu, é porque ela já existia no coração de cada um, mas que, infelizmente, muitas vezes as pessoas das quais gostamos – e que contribuíram para o nosso crescimento interior – acabam sendo esquecidas. Haverá, por parte do facilitador, insistência na ideia de que devemos sempre refletir sobre a importância do vínculo afetivo em nossa vida, cultivar amizades e relacionamentos positivos, pois nenhum ser humano é feliz quando vive só.

e) Continuando a dinâmica, o facilitador solicitará que dobrem e guardem a lista pessoal dentro do coração que receberam e que vistam seus colares. Depois, o grupo será convidado a caminhar lentamente pela sala (se possível com pouca luz), ao som da música "Estrada nova", refletindo sobre as pessoas e situações que foram colocadas na lista pessoal e sobre a importância para si do contexto vivenciado, aproveitando o momento para elaboração e revigoramento de sentimentos como: amor, amizade, saudade etc.

f) Assim que a música terminar, o facilitador solicitará que os participantes voltem a sentar-se e lerá, para eles, o texto "O destino de cada um".

g) Após a realização da dinâmica, o facilitador oferecerá um tempo para que as pessoas se manifestem, se desejarem.

## PONTOS A SEREM LEVANTADOS NA DISCUSSÃO

☑ Ficam atrelados às necessidades dos integrantes do grupo, caso estas sejam manifestadas.

☑ Por se tratar de uma dinâmica de vivência reflexiva e de conteúdo muito pessoal, pode ocorrer de ninguém do grupo desejar fazer comentários, e esse fato deverá ser respeitado. Ainda que nada seja discutido após a conclusão da atividade, certamente em outros momentos da oficina existirão referências aos efeitos provocados por ela, uma vez que cada dinâmica faz parte de um conjunto de ideias trabalhadas no encontro, não se tratando de um fato estanque e isolado.

# A LISTA
## (Oswaldo Montenegro)

*Faça uma lista de grandes amigos*
*Quem você mais via há dez anos atrás*
*Quantos você ainda vê todo dia*
*Quantos você já não encontra mais*

*Faça uma lista dos sonhos que tinha*
*Quantos você desistiu de sonhar*
*Quantos amores jurados pra sempre*
*Quantos você conseguiu preservar*

*Onde você ainda se reconhece*
*Na foto passada ou no espelho de agora*
*Hoje é do jeito que achou que seria*
*Quantos amigos você jogou fora*

*Quantos mistérios que você sondava*
*Quantos você conseguiu entender*
*Quantos segredos que você guardava*
*Hoje são bobos, ninguém quer saber*

*Quantas mentiras você condenava*
*Quantas você teve que cometer*
*Quantos defeitos sanados com o tempo*
*Eram o melhor que havia em você*

*Quantas canções que você não cantava*
*Hoje assovia pra sobreviver*
*Quantas pessoas que você amava*
*Hoje acredita que amam você*

## TEXTO: O DESTINO DE CADA UM
### (Autor desconhecido)

Passamos por momentos de plena felicidade em nossa vida.

Momentos esses que nos marcam de uma forma surpreendente e nos transformam, nos comovem, nos ensinam, e que também muitas vezes nos machucam profundamente.

As pessoas que entram em nossa vida sempre entram por alguma razão, algum propósito.

Elas nos encontram ou nós as encontramos meio que sem querer; não há programação da hora em que encontraremos essas pessoas.

Assim, tudo o que podemos pensar é que existe um destino em que cada um encontra aquilo que é importante para si mesmo.

Ainda que a pessoa que entrou em nossa vida aparentemente não nos ofereça nada, ela não entrou por acaso, não está passando por nós apenas por passar.

O Universo inteiro conspira para que as pessoas se encontrem e resgatem algo com as outras.

Discutir o que cada um de nós trará não nos mostrará nada e ainda nos fará perder tempo demais desperdiçando a oportunidade de conhecer a alma dessas pessoas.

Conhecer a alma significa conhecer o que as pessoas sentem, o que realmente elas desejam de nós, ou o que elas buscam no mundo, pois só assim é que poderemos tê-las por inteiro em nossa vida.

A amizade é algo que importa muito na vida do ser humano; sem esse vínculo, nós não teremos harmonia nem paz.

Precisamos de amigos para nos ensinar, compartilhar, nos conduzir, nos alegrar e também para cumprirmos nossa maior missão na Terra:

"Amar ao próximo como a si mesmo".

E, para que isso aconteça, é preciso que nos aceitemos em primeiro lugar e depois olhemos para o próximo e enxerguemos nele o nosso reflexo.

Essas pessoas entram na nossa vida, às vezes, de maneira tão estranha que nos intrigam até.

Mas cada uma delas é especial; mesmo que o momento seja breve, com certeza elas deixarão alguma coisa para nós.

Observe a sua vida, comece a recordar todas as pessoas que já passaram por você e o que cada uma delas deixou.

Você estará buscando a sua própria identidade, que foi sendo construída aos poucos, de momentos que aconteceram na sua vida e que até hoje interferem em seu caminho.

Aproveite para conquistar uma pessoa a cada dia, dar a elas a sua maior atenção e fazer com que você também seja algo muito importante na vida dessas pessoas.

Quando sentir que alguém não lhe agrada, dê uma segunda chance de conhecê-lo melhor; você poderá ter muitas surpresas cedendo mais uma oportunidade.

Quando sentir que alguém é especial para você, diga a ele o que sente, e terá feito um momento de felicidade na vida de alguém.

Faça hoje tudo o que tiver vontade.

Abrace o seu amigo,

os seus irmãos,

os seus filhos.

Dê um sorriso para todos, até para o seu inimigo.

Se estiver amando, ame pra valer, viva cada minuto desse amor, sem medir esforços.

Seja alegre todas as manhãs.

Planeje o seu destino!

Sopre aos ventos os seus sonhos: eles irão se espalhar pelos ares e voltar a você em forma de realidade.

Preste bastante atenção em todas as pessoas.

Elas poderão estar trazendo a sua tão esperada *felicidade*.

# 3 DIZEM QUE SOU LOUCO

### OBJETIVOS

- ☑ Perceber a particularidade das pessoas e respeitar suas escolhas.
- ☑ Incentivar e estimular as pessoas com as quais convivemos, conservando a crítica construtiva e aceitando-a também.
- ☑ Contribuir para com o crescimento das pessoas do nosso convívio.
- ☑ Exercitar o sentimento de compreensão, aceitação e troca de experiências.
- ☑ Refletir sobre o valor do encorajamento.
- ☑ Aproveitar as diferenças pessoais como forma de "somar" e melhorar a produtividade das equipes e não como desculpa para desunião e competição.

### MATERIAL

- ☑ "Rolinhos" de fita-crepe fixados em diferentes pontos das paredes da sala, em quantidade igual à de participantes da oficina.
- ☑ Canetas esferográficas.
- ☑ Uma tarjeta para cada participante como a do modelo abaixo:

> Dizem que sou louco _____
> _____
> _____
> _____

- ☑ Música: "Balada do louco" (Arnaldo Baptista/Rita Lee, interpretada por Ney Matogrosso).
- ☑ Texto: "O valor do encorajamento" (autor desconhecido).

## PROCEDIMENTO

☑ Inicialmente, o facilitador lembrará ao grupo que "muitas vezes, nossas escolhas e atitudes são rotuladas como loucura por pessoas do nosso convívio. Dependendo da forma como isso é falado e da pessoa que nos diz isso, sonhos podem ser abandonados e oportunidades, desperdiçadas, acarretando-nos, entre outras consequências, sentimentos de frustração e ansiedade. Esta dinâmica nos conduzirá à vivência e à reflexão dessas situações".

Após essa introdução, seguir-se-ão as seguintes etapas:

a) Cada participante receberá uma tarjeta e uma caneta e será orientado para que faça uma breve retrospectiva de sua vida, relembrando alguma situação na qual a manifestação de um comportamento seu tenha sido classificada como "loucura".

b) Em seguida, cada um completará sua tarjeta conforme a reflexão realizada. O facilitador comunicará que as tarjetas serão lidas por todas as pessoas do grupo, mas que não deverão ser assinadas, pois seus autores não serão identificados.

c) Após terem concluído o preenchimento das tarjetas, será solicitado que observem atentamente as paredes da sala e que localizem visualmente os rolinhos de fita-crepe (previamente fixados pelo facilitador). A um sinal dado, os participantes deverão rapidamente, e todos ao mesmo tempo, pregar suas tarjetas no local escolhido por cada um.

d) Tendo a música "Balada do louco" como fundo, todos os participantes deverão circular pelo espaço ao mesmo tempo e proceder à leitura de todas as tarjetas dos colegas, sem manifestar comentários a respeito de seu conteúdo.

e) Ao término da leitura, o facilitador solicitará que cada participante retire das paredes uma tarjeta para si (que não seja a sua) e que se sentem formando um círculo.

f) Um por vez, todos lerão em voz alta e comentarão o conteúdo da tarjeta escolhida, sendo que esse comentário deverá ser incentivador e motivador, contribuindo, assim, positivamente para com o crescimento de quem o escreveu.

g) Será aberta a plenária para discussão, com posterior leitura do texto "O valor do encorajamento", fechando, então, a dinâmica.

## PONTOS A SEREM LEVANTADOS NA DISCUSSÃO

☑ Como nós reagimos diante de comentários negativos relacionados aos fatos e às decisões importantes de nossa vida?

☑ Qual a importância do incentivo que recebemos das pessoas do nosso convívio para a tomada de nossas decisões?

☑ Como agimos com relação aos outros no que se refere às críticas positivas ou negativas?

☑ Como podemos motivar e incentivar as pessoas com as quais nos relacionamos, entendendo a importância dessas atitudes para melhorar a qualidade de vida e a produtividade dos membros de uma equipe?

☑ Procuramos desenvolver em nós a habilidade da compreensão, da colaboração e do respeito, ou simplesmente passamos feito um rolo compressor por cima das pessoas ignorando seus sentimentos, ideias e preferências?

## TEXTO: O VALOR DO ENCORAJAMENTO
### (Autor desconhecido)

Certa vez, uma matilha de lobos estava viajando pela floresta, quando dois deles caíram num buraco.

Assustado, o grupo rodeou o buraco e, quando percebeu quão profundo ele era, todos gritaram que os dois podiam considerar-se mortos.

Os dois ignoraram o aviso e tentavam com toda força e vontade pular para cima e sair daquilo que mais parecia um precipício.

A matilha continuou gritando que não adiantava tentar sair porque o buraco era muito fundo e eles estavam perdidos, que o melhor era economizarem suas forças e considerarem-se mortos.

Depois de algumas tentativas, um dos lobos prestou ouvidos ao aviso de que já estava perdido e desistiu. Deitou-se e morreu.

O outro lobo continuou tentando sair, colocando, em cada pulo, toda a sua força. Mais uma vez o grupo gritou, aconselhando-o a parar de tentar, pois isso só levava à frustração e ao sofrimento e que era melhor desistir e morrer logo.

Enquanto a matilha gritava, o lobo no fundo do buraco pulava cada vez com mais força e vontade, até que conseguiu sair fora do buraco.

Quando isso aconteceu, os outros lobos o rodearam, perguntando: "Você não nos ouviu?".

O lobo explicou que era surdo. Durante todo o tempo, ele acreditara que o grupo o estivesse encorajando.

# 4 — BOLA EM CÍRCULO

## OBJETIVOS

☑ Refletir sobre a importância do *feedback* positivo em equipes de trabalho e nos grupos sociais.

☑ Incentivar os membros de uma equipe a utilizarem entre si o reforço positivo, que desemboca em motivação e ganhos nas tarefas do cotidiano.

☑ Discutir sobre os prejuízos consequentes à criação de estigmas preconceituosos.

☑ Refletir sobre os malefícios gerados por comentários aparentemente sem importância, mas que, somados, acabam por minar a energia de um grupo.

☑ Estimular a conscientização das pessoas no que se refere à responsabilização de cada uma delas no auxílio à construção e à manutenção da autoestima positiva dos componentes de suas equipes de trabalho, bem como de seus grupos sociais.

## MATERIAL

☑ Uma bola bem colorida (de plástico ou vinil).

☑ Músicas: "Já sei namorar" (Tribalistas) e "Bola de meia, bola de gude" (Fernando Brant/ Milton Nascimento, interpretada por 14 Bis).

☑ Texto: "A cerca" (autor desconhecido).

## PROCEDIMENTO

a) O facilitador solicitará que os participantes dancem pela sala, acompanhando a música "Já sei namorar", e avisará que, a cada pausa dada no som, chamará quatro dos integrantes pelo nome e que esses deverão, um por vez, dizer em voz alta, numa só palavra, uma qualidade que julgam possuir, por exemplo: alegria, solidariedade, companheirismo etc.

b) Quando todos tiverem dito suas qualidades, o facilitador os convidará a formar um círculo e lhes oferecerá uma bola colorida.

c) Tendo como fundo musical "Bola de meia, bola de gude", os integrantes deverão jogar livremente a bola, uns para os outros.

d) A cada pausa dada no som, a pessoa que estiver segurando a bola terá sua qualidade dita em voz alta por quem do grupo o facilitador determinar. Se a qualidade do colega estiver correta, o jogo continua, bem como a música. Caso não tenha sido aquela característica que ele havia dito na etapa anterior, este deverá corrigi-la. Isso feito, a música continuará e o jogo prosseguirá, até que nova pausa seja dada no som e que nova pessoa seja escolhida pelo facilitador para dizer a qualidade de outro colega. Assim será dado seguimento ao exercício, até que acabe a música.

e) Finda a atividade, todos deverão sentar-se em círculo para discussão do conteúdo e posterior leitura do texto "A cerca", fechando, assim, a dinâmica.

## PONTOS A SEREM LEVANTADOS NA DISCUSSÃO

- Foi fácil para cada um escolher uma qualidade para expor ao grupo?
- Por que às vezes é mais fácil falarmos dos nossos defeitos?
- É fácil memorizar as qualidades das pessoas? (Obs.: Durante o exercício, na maior parte das vezes, as pessoas erram as características ditas pelos colegas na primeira etapa do jogo.)
- E se tivessem sido ditos defeitos? Como seria nossa memorização?
- No trabalho, num ambiente social, como agimos? Divulgamos os defeitos ou as qualidades das pessoas?
- E os outros? Como agem com relação a nós?
- Todos se dão conta de que os pontos negativos geram fofoca maldosa e que esta corre de ouvido em ouvido e de boca em boca numa velocidade extraordinária?
- E nossas qualidades e nossos méritos? As pessoas têm o hábito de comentar e reforçar? E nós, como agimos em relação às outras pessoas?
- Por que isso ocorre nos grupos sociais?
- As pessoas têm consciência de que um comentário negativo acerca do outro, propagado para o grupo, é quase impossível de ser desfeito, ainda que não seja real, ou seja, as pessoas têm consciência de que um comentário desses gera preconceito?
- Em que tudo isso pode interferir negativamente numa equipe de trabalho?

# TEXTO: A CERCA
## (Autor desconhecido)

Era uma vez um menino que tinha um temperamento muito forte. Seu pai deu-lhe um saco de pregos, dizendo-lhe que, cada vez que ele ficasse furioso, pregasse um prego na cerca do fundo da casa.

No primeiro dia, o garoto pregou 37 pregos, mas gradualmente ele foi se acalmando. Descobriu que era mais fácil "segurar" seu temperamento do que martelar pregos na cerca.

Finalmente chegou o dia em que o garoto não se enfureceu nenhuma vez. Contou ao pai o que havia sucedido, e o pai sugeriu-lhe que, daquele dia em diante, por cada dia que conseguisse segurar seu temperamento, retirasse um dos 37 pregos.

Passou o tempo e o garoto finalmente foi dizer ao pai que tinha retirado todos os pregos.

O pai tomou o filho pela mão e levou-o até a cerca, dizendo-lhe: "Você fez muito bem, meu filho, mas a cerca nunca mais será a mesma".

Quando você está furioso e diz coisas, elas deixam uma cicatriz, assim como as marcas da cerca. Você pode fincar uma faca em um homem e retirá-la. Não importa quantas vezes você possa dizer "desculpe", a ferida assim permanecerá. Uma ferida verbal é tão ruim e tão maligna quanto uma ferida física. Amigos são joias muito raras. Eles fazem você sorrir e estimulam você a ter sucesso. Eles emprestam um ouvido amigo, repartem uma palavra de elogio e querem sempre abrir seus corações para você. Mostre a seus amigos o quanto você se importa com eles.

# 5 — OS ÍNDIOS

## OBJETIVOS

☑ Trabalhar a concepção de equipe e liderança, a competitividade e a responsabilidade de cada pessoa dentro de um determinado grupo, tanto para a obtenção de resultados finais positivos como para o favorecimento da coesão e da união em equipes.

☑ Estimular a espontaneidade, a alegria, o bom humor, o alto-astral e o lúdico.

☑ Aproximar as pessoas e desenvolver a responsabilidade nas relações interpessoais.

☑ Estimular a criatividade e a organização ao desempenhar tarefas.

☑ Descontrair o grupo para que seus integrantes conversem amigavelmente sobre problemas reais do cotidiano (discussão produtiva).

☑ Desenvolver o sentido e a importância da colaboração dentro de um grupo.

☑ Desenvolver a habilidade de olhar por vários ângulos para um mesmo fato ou problema.

☑ Estimular o aprendizado da tomada de decisões por meio do consenso.

## MATERIAL

☑ 12 rolos de fita adesiva de cores sortidas.

☑ 12 folhas de papel crepom, em cores variadas e vibrantes, cortadas em "rolinhos" de aproximadamente 5 cm de largura.

☑ Dois cocares confeccionados em cartolina e revestidos de lantejoulas coloridas (ou dois cocares adquiridos em loja de fantasias).

☑ Música: "Baila comigo" (Rita Lee/Roberto de Carvalho).

## PROCEDIMENTO

a) O facilitador solicitará que os participantes, em pé, formem um círculo, e colocará, no centro da sala, uma caixa contendo os rolos de fita adesiva colorida e os rolinhos de papel crepom.

---

43

Dinâmicas de grupo para treinamento motivacional

b) Em seguida, pedirá que os participantes se organizem em duplas. Se o grupo tiver número ímpar de integrantes, poderá ser formado, além das duplas, um trio.

c) Cada dupla deverá dirigir-se até a caixa e pegar material suficiente para "se fantasiar" de índio. Nesse momento, o facilitador deverá lembrar ao grupo que todos têm direito ao material e que, portanto, se algumas duplas pegarem material em demasia, outras duplas ficarão sem.

d) De posse do material, uma das pessoas de cada dupla deverá "vestir" seu parceiro como índio. O tempo para essa tarefa será o mesmo da duração da música "Baila comigo".

e) A música será recomeçada tão logo termine; enquanto "Baila comigo" estiver tocando pela segunda vez, a pessoa que já foi "vestida de índio" deverá enfeitar o seu parceiro. Se houver algum trio no grupo, o facilitador poderá oferecer um pouco mais de tempo para que se conclua essa etapa.

f) Todos prontos, o facilitador dividirá o grupo em duas equipes, que passarão a ser chamadas de tribos.

g) Cada tribo deverá eleger um cacique, por meio de votação ou consenso.

h) Ao cacique de cada tribo será oferecido um cocar, que deverá ser colocado em sua cabeça.

i) O facilitador os incentivará a escolher um nome para seus caciques ou para as próprias tribos, incrementando, assim, ainda mais o clima lúdico dessa dinâmica. O facilitador poderá também fotografar as tribos, caso elas queiram, pois a apresentação visual de todos os participantes fantasiados é muito agradável. Caso eles desejem ser fotografados, o facilitador deverá, posteriormente, entregar-lhes as fotos para que guardem de recordação do encontro.

j) Continuando a atividade, o facilitador solicitará primeiramente que a tribo A se posicione em uma das laterais da sala e observe a tribo B.

k) A tribo B será orientada para que apresente uma *performance* à tribo A, que veio visitá-la em sua aldeia e que portanto merece uma dança de boas-vindas. A tribo B irá organizar-se da maneira que desejar para realizar a apresentação, e o cacique deverá comandar seu grupo.

l) Terminada a apresentação da tribo B, será a vez de a tribo A apresentar-se aos visitantes.

m) Findas as apresentações, todos deverão sentar-se em círculo (numa única tribo) para discussão da dinâmica.

## PONTOS A SEREM LEVANTADOS NA DISCUSSÃO

☑ Todas as duplas conseguiram pegar material suficiente para si, porém sem exagero? O facilitador poderá estimular o grupo a conversar sobre:

1. Como são os índios no que se refere à caça e à pesca? Os índios pegam apenas o suficiente para se alimentar, poupando a natureza e deixando para os demais o que não é necessário para si, sua família ou sua tribo.

2. E no trabalho e nas nossas casas? Utilizamos apenas o material e o espaço de que necessitamos ou invadimos o que é do outro? No mundo, no trabalho, em casa, há espaço para todos; não temos necessidade de nos apoderar do que é do outro.

3. Economizamos luz e água, poupando, assim, a natureza, ou nem nos preocupamos com essas questões? O que retiramos do nosso meio em excesso e desperdiçamos será cobrado de nós pela própria natureza no futuro.

☑ No momento em que os pares estavam "se fantasiando", cada um fez o melhor que podia para o seu parceiro? O facilitador poderá estimular o grupo a conversar sobre:

1. Na população indígena, um índio é o espelho do outro e procura esmerar-se em oferecer ao outro, da melhor maneira, tudo o que há de bom. Não há competição negativa.

2. No nosso cotidiano, fazemos pelo outro e para o outro o melhor que podemos ou escondemos nossas "ferramentas" na tentativa de não colaborarmos para o sucesso do outro?

3. Existe em nós um comportamento de autodefesa? Isso nos faz felizes e contribui para o nosso crescimento? Contribui para o crescimento da nossa equipe de trabalho? Contribui para a melhoria dos nossos relacionamentos? Somos gratos a quem nos auxilia, ou desenvolvemos em nós o péssimo hábito de "fazer cortesia com o chapéu alheio"?

☑ No momento em que todos estavam dançando com suas tribos, conseguiram exteriorizar a alegria, divertiram-se ou ficaram preocupados em não parecer ridículos aos olhos dos outros? O facilitador poderá estimular o grupo a conversar sobre:

1. Quantas vezes perdemos o bom da vida para não parecermos ridículos aos olhos dos outros?

2. No trabalho, nas nossas relações familiares e sociais, deixamos nossa alegria amenizar nossas dores e nossas tensões ou nos colocamos numa postura de: "trabalho é coisa séria, não combina com alegria"?

3. Trabalhamos com prazer e alegria ou o trabalho é um pesado fardo a ser carregado?

4. Contribuímos, de bom humor, com o nosso grupo ou somos mais um a cultivar um clima hostil entre os membros da nossa equipe?

Dinâmicas de grupo para treinamento motivacional

☑   Que processos foram utilizados para a escolha dos caciques? O facilitador poderá estimular o grupo a conversar sobre:

1. É fácil escolher um líder?
2. Baseados em que escolhemos nossos líderes?
3. É fácil ser líder?
4. De que um líder precisa para ser eficaz?
5. É tranquilo comandar uma equipe?

☑   As tribos seguiram seus respectivos líderes ou surgiram outros líderes nas tribos durante a apresentação das *performances*? O facilitador poderá estimular o grupo a conversar sobre:

1. Qual é nosso conceito de liderança?
2. As equipes respeitam seus líderes, aceitam e colaboram dentro de um processo democrático ou competem e se subdividem?
3. Qual o resultado desses comportamentos no nosso cotidiano?
4. O que nos impulsiona a competir com o líder em determinados momentos?

☑   As tribos souberam se respeitar durante as apresentações? O facilitador poderá estimular o grupo a conversar sobre:

1. No trabalho, os vários departamentos, setores ou equipes reconhecem-se e respeitam-se mutuamente?
2. Existe a tendência de "destruir" a outra tribo (outro departamento, outro setor, outra equipe)?
3. Qual o resultado desse comportamento no "time" como um todo?
4. Em que esse comportamento pode atrapalhar para a obtenção de resultados positivos?

# 6

## ONDE É QUE ESTÁ?

### OBJETIVOS

☑ Relembrar a importância da organização do grupo para a obtenção de um resultado satisfatório.

☑ Respeitar as regras e os jogadores, compreendendo que objetivos devem ser almejados, abolindo, contudo, a sabotagem e o boicote a outrem.

☑ Perceber a importância e a necessidade de cada integrante que compõe uma equipe.

☑ Perceber a importância de cada função dentro de uma equipe e valorizar quem a executa, entendendo que todas as funções são complementares entre si.

☑ Vivenciar uma situação competitiva procurando conservar o equilíbrio e a serenidade, conscientizando-se de que esses são os caminhos mais adequados na busca de soluções e objetivos.

☑ Relembrar a importância da decisão por consenso entre os membros de uma equipe.

☑ Relembrar que o sucesso é conquista de todos os integrantes de uma equipe e que, se cada um fizer o que lhe couber, as metas certamente serão atingidas.

☑ Apreender o conceito de que, quando cada um faz a sua parte, no tempo certo e da maneira correta, ninguém se sobrecarrega e não há, portanto, porta de entrada para o estresse.

### MATERIAL

☑ Dois jogos "Lince" completos.

> Obs.: O facilitador poderá também confeccionar os jogos utilizando carimbos ou figuras, desde que seguindo o mesmo esquema do jogo pronto.

☑ Fita-crepe.

47

Dinâmicas de grupo para treinamento motivacional

☑ Uma caixa de bombons (ou um outro "prêmio" interessante).

☑ Texto: "Assembleia na carpintaria" (autor desconhecido).

## PROCEDIMENTO

a) No centro da sala, serão colocadas, formando um montinho, as figuras dos dois conjuntos de jogos "Lince", e, em duas das paredes opostas da sala, estarão penduradas as cartelas fixas dos dois conjuntos de jogos.

b) O grupo será dividido em duas equipes.

c) As equipes terão como missão encontrar as figuras correspondentes às suas respectivas cartelas fixas e prendê-las, no local adequado, com pedacinhos de fita-crepe.

d) A equipe que concluir primeiramente a tarefa será a vencedora e ganhará uma caixa de bombons – que deverá ser dividida entre seus componentes.

e) Após a execução da tarefa, será aberta a plenária para discussão da dinâmica. Em seu fechamento, haverá a leitura do texto "Assembleia na carpintaria".

## PONTOS A SEREM LEVANTADOS NA DISCUSSÃO

☑ As equipes organizaram-se e escolheram um ou mais líderes para direcionar a tarefa?

☑ Houve sabotagem de uma equipe em relação a outra, dificultando a realização da tarefa pela equipe adversária?

☑ O fato de existir um prêmio para a equipe vencedora estimulou ainda mais a competitividade entre as equipes?

☑ Todos os componentes das equipes participaram ou alguns apenas assumiram o papel de espectadores?

☑ Houve competição entre os membros de uma mesma equipe?

☑ No dia a dia, as equipes envolvem-se realmente com as tarefas, entendendo-as como objetivos comuns ao grupo, ou alguns de seus integrantes apenas "assistem" à *performance* dos outros?

☑ Os integrantes competem entre si, esquecendo-se da meta a ser alcançada pela equipe?

# TEXTO: ASSEMBLEIA NA CARPINTARIA
(Autor desconhecido)

Contam que, numa carpintaria, houve uma estranha assembleia. Foi uma reunião de ferramentas para ajustar as diferenças.

O martelo exerceu a presidência, porém a assembleia o notificou de que tinha que renunciar. A causa? Fazia demasiado ruído! E, além disso, passava o tempo todo golpeando.

O martelo aceitou sua culpa, porém pediu que também fosse expulso o parafuso; disse que ele tinha que dar muitas voltas para conseguir ser útil para alguma coisa.

O parafuso aceitou a crítica, porém, por sua vez, pediu a expulsão da lixa, alegando que ela era muito áspera em seu trato e sempre tinha atritos com os demais.

A lixa concordou, com a condição de que fosse expulso o metro, que sempre passava medindo os demais de acordo com a sua medida, como se fosse o único perfeito.

Nesse momento, entrou o carpinteiro, pôs o avental e iniciou seu trabalho. Utilizou o martelo, a lixa, o metro e o parafuso. Finalmente, após horas de trabalho, a grosseira madeira inicial se converteu num lindo móvel.

Quando a carpintaria foi fechada, ao final do dia, a assembleia retomou a deliberação. Foi então que o serrote tomou a palavra, dizendo: "Senhores! Ficou demonstrado que temos defeitos, porém o carpinteiro trabalha com nossas qualidades. Isso é que nos torna valiosos. Assim, não pensemos em nossos pontos negativos e nos concentremos na utilidade dos nossos pontos positivos".

A assembleia chegou então à conclusão de que o martelo era forte, o parafuso unia e dava força, a lixa era especial para afinar e limpar asperezas e que o metro era preciso e exato. Todos perceberam, então, que formavam uma equipe capaz de produzir móveis de qualidade. Sentiram-se orgulhosos de suas forças e de trabalhar juntos.

Ocorre o mesmo com seres humanos.

# 7 COLAR DE LETRAS

## OBJETIVOS

☑ Discutir o papel do líder em se tratando de organizar e harmonizar equipes de trabalho.

☑ Refletir a respeito da importância da união e da colaboração entre os membros da equipe e de como esses aspectos interferem na produtividade.

☑ Refletir sobre a aceitação e o respeito do grupo às lideranças.

☑ Reforçar a necessidade de compreensão e cumprimento de regras preestabelecidas, para que ocorra o desenvolvimento harmônico e sincrônico das tarefas em uma equipe.

☑ Prestar atenção aos cuidados que devemos ter com nossas palavras e as expressões de nossas ideias, para que, com elas, possamos contribuir para a viabilidade do bom relacionamento entre os diversos componentes de um mesmo grupo.

☑ Trabalhar a ideia do cuidado que devemos ter com a nossa expressividade verbal, para que não sejamos vítimas de nossas próprias atitudes – às vezes impensadas.

☑ Refletir sobre o duplo significado que podem ter as palavras, a dualidade das manifestações de comportamentos ou sentimentos e como tudo isso pode interferir no grupo social e em cada um de nós.

## MATERIAL

☑ 16 "colares" confeccionados da seguinte maneira: recorte 16 retângulos de papel-cartão, medindo aproximadamente 12 x 10 cm. Depois, faça dois furinhos na parte superior de cada um deles e passe por eles um pedaço de barbante ou fitilho de uns 30 cm de comprimento. Amarre as pontas, formando um "colar". Em cada colar, escreva, com letra de fôrma e caneta hidrocor, uma das seguintes letras: A – A – B – C – D – E – G – I – M – N – O – P – R – T – V – Z.

☑ Lousa e giz (ou *flip-chart*).

☑ Texto: "Maneiras de dizer as coisas" (autor desconhecido).

---

**51**

Dinâmicas de grupo para treinamento motivacional

## PROCEDIMENTO

a) O facilitador solicitará 16 voluntários, os quais deverão vestir os colares.

b) Dos participantes restantes, um será escolhido para anotar palavras na lousa e os demais terão por tarefa organizar as 16 pessoas que estarão utilizando os colares.

c) Isso feito, o facilitador pedirá que montem, colocando na sequência os portadores de colares, algumas palavras de conotação positiva. Enquanto isso, o relator irá anotando-as na lousa.

d) Posteriormente a essa etapa e seguindo a mesma metodologia, deverão formar palavras de conotação negativa.

e) Finda a formação de palavras, o grupo será convidado a sentar-se em círculo para discussão e fechamento da dinâmica com a leitura do texto "Maneira de dizer as coisas".

## PONTOS A SEREM LEVANTADOS NA DISCUSSÃO

☑ As pessoas que estavam no papel de organizadores conseguiram manter o grupo em harmonia?

☑ Os participantes respeitaram os organizadores?

☑ A cada palavra formada, era dado tempo ao relator para que ele a anotasse, ou as pessoas já partiam para outra montagem de palavra ignorando sua tarefa?

☑ Houve percepção de que, com as mesmas letras, podemos construir palavras positivas e negativas?

☑ Houve percepção de que palavras de conotação negativa, se empregadas assertivamente e no momento adequado, podem ter significado positivo? O inverso também é verdadeiro, ou seja, palavras positivas, se empregadas ironicamente ou de maneira inadequada, poderão conotar sentido contrário ao significado desejado.

> Exemplificando, é comum, na construção de palavras negativas, o grupo sugerir a palavra "poder". Na discussão, o facilitador deverá explicar ao grupo que o poder, se bem exercido, é necessário e positivo para manter a organização das equipes. Por outro lado, se exercido de forma abusiva e sem critérios, o poder poderá deflagrar desunião, desinteresse, competição e até mesmo revolta num grupo.

> *O facilitador certamente estará atento para conduzir o grupo a refletir sobre outras palavras que possam transmitir duplo sentido e que tenham sido formadas durante a realização da dinâmica.*

Sugestões de palavras de conotação positiva que podem ser formadas com base nas letras que foram escolhidas para a montagem dos colares:

- troca;
- grandeza;
- paz;
- amizade;
- doar;
- time;

- comida;
- amor;
- amigo;
- coragem;
- vida;
- cantar.

Sugestões de palavras de conotação negativa que podem ser formadas com base nas letras que foram escolhidas para a montagem dos colares:

- dor;
- raiva;
- vazio;
- avareza;
- morte;
- braveza;

- ódio;
- cair;
- avarento;
- pranto;
- mágoa;
- azar.

> *Obs.: Essas são apenas sugestões. Existem várias outras que o grupo certamente irá formar baseando-se nas letras escolhidas. O facilitador poderá modificar as letras dos colares, segundo as necessidades do momento.*

## TEXTO: MANEIRA DE DIZER AS COISAS
### (Autor desconhecido)

Uma sábia e conhecida anedota árabe diz que, certa feita, um sultão sonhou que havia perdido todos os dentes. Logo que despertou, mandou chamar um adivinho para que interpretasse seu sonho.

— Que desgraça, senhor! — exclamou o adivinho. — Cada dente caído representa a perda de um parente de Vossa Majestade.

— Mas que insolente! — gritou o sultão, enfurecido. — Como te atreves a dizer-me semelhante coisa? Fora daqui!

Chamou os guardas e ordenou que lhe dessem 100 açoites. Mandou que trouxessem outro adivinho e lhe contou sobre o sonho.

Este, após ouvir o sultão com atenção, disse-lhe:

— Excelso senhor! Grande felicidade vos está reservada. O sonho significa que haveis de sobreviver a todos os vossos parentes.

A fisionomia do sultão iluminou-se num sorriso e ele mandou dar 100 moedas de ouro ao segundo adivinho. Quando este saía do palácio, um dos cortesãos lhe disse, admirado:

— Não é possível! A interpretação que você fez foi a mesma que seu colega havia feito. Não entendo por que ao primeiro ele pagou com 100 açoites e a você, com 100 moedas de ouro.

— Lembra-te, meu amigo — respondeu o adivinho —, que tudo depende da maneira de dizer as coisas.

# 8 — TRENZINHO DA MASSAGEM

## OBJETIVOS

☑ Estimular o comportamento lúdico e a exteriorização da alegria.

☑ Relembrar a importância do carinho, da atenção, do toque acolhedor e afetivo e da manifestação de apoio que devemos conservar para com as pessoas com as quais vivemos.

☑ Discutir o papel e a importância da liderança em um grupo e da organização e da harmonização entre seus componentes.

☑ Valer-se da letra da música "É" como recurso para despertar a alegria do grupo e a discussão sobre a atenção e o respeito que todos queremos ter. Sendo assim, devemos também oferecer atenção e respeito aos que convivem conosco.

## MATERIAL

☑ Música: "Festa" (Anderson Cunha, interpretada por Ivete Sangalo).

☑ Música: "É" (Gonzaguinha), esta com cópia para cada participante, para que todos possam cantá-la (se quiserem) e refletir sobre sua letra.

## PROCEDIMENTO

a) Os participantes do grupo deverão formar um "trenzinho" em círculo, cada um colocando as mãos nos ombros do colega que estiver à sua frente.

b) Enquanto a música estiver tocando, todos deverão dançar, movimentando o trenzinho em roda e no sentido horário, e, ao mesmo tempo, massagear os ombros do colega da frente.

c) Cada vez que a música for interrompida pelo facilitador, o trenzinho deverá inverter a posição para o sentido anti-horário; assim, cada integrante que estava massageando os ombros do colega da frente terá agora os seus ombros massageados por ele.

d) A atividade seguirá até o final da música e com várias interrupções e consequentes mudanças de sentido do trem.

Dinâmicas de grupo para treinamento motivacional

e) Ao término da atividade, todos deverão sentar-se em círculo para discussão e posterior fechamento da dinâmica com a música "É", que poderá ser cantada por todos os que desejarem.

f) Se surgir alguma outra discussão baseada na letra da música, o facilitador deverá oferecer abertura e tempo para ela.

## PONTOS A SEREM LEVANTADOS NA DISCUSSÃO

- ☑ Antes de saberem que o trenzinho iria mudar de sentido, alguns participantes irritaram o colega da frente, fazendo cócegas, por exemplo?
- ☑ E no cotidiano? O feitiço também vira contra o feiticeiro em algumas situações?
- ☑ Quando encontramos um colega cansado, chateado, conseguimos incentivá-lo com um toque (abraço, aperto de mão, por exemplo)?
- ☑ É, para vocês, importante e revitalizador esse toque?
- ☑ O grupo conseguiu manter-se organizado ou houve abertura excessiva da roda, dificultando a tarefa de permanecer num trenzinho?
- ☑ Existiu uma voz de comando no grupo para tentar reorganizar o trem nas vezes em que a roda abriu demais?
- ☑ Um grupo consegue se auto-organizar sem o auxílio de um líder?
- ☑ Esta é uma boa oportunidade gerada no decorrer da oficina para que o grupo discuta as características que deseja ver em um líder.

# LETRA DA MÚSICA "É"
## (Gonzaguinha)

*É, a gente quer valer o nosso amor*
*A gente quer valer nosso suor*
*A gente quer valer o nosso humor*
*A gente quer do bom e do melhor*
*A gente quer carinho e atenção*
*A gente quer calor no coração*
*A gente quer suar, mas de prazer*
*A gente quer é ter muita saúde*
*A gente quer viver a liberdade*
*A gente quer viver felicidade*

*É, a gente não tem cara de panaca*
*A gente não tem jeito de babaca*
*A gente não está com a bunda exposta*
*Na janela pra passar a mão nela*

*É, a gente quer viver pleno direito*
*A gente quer viver todo respeito*
*A gente quer viver uma nação*
*A gente quer é ser um cidadão*
*É, é, é, é...*

Dinâmicas de grupo para treinamento motivacional

# 9 — BOLINHAS DE SABÃO

## OBJETIVOS

☑ Resgatar emoções esquecidas.

☑ Exteriorizar a alegria.

☑ Estimular o comportamento lúdico.

☑ Reconhecer a beleza das coisas boas da vida, treinando nossa mente para que deixemos de lado pensamentos ruins que em nada irão nos auxiliar.

☑ Estimular a valorização das coisas boas e simples que possuímos dentro de nós, mas que em alguns momentos negligenciamos e nem percebemos o quanto nos fazem falta.

## MATERIAL

☑ Um copinho plástico com detergente e um canudinho de refrigerante para cada participante.

☑ Música: "Vamos construir" ("Love can build a bridge"), interpretada por Sandy e Junior.

☑ Texto: "Por que as pessoas sofrem?" (Marco Antônio Spinelli).

## PROCEDIMENTO

a) A todos os participantes serão oferecidos um copinho com detergente e um canudo de refrigerante.

b) Ao som da música "Vamos construir", eles deverão fazer bolinhas de sabão e brincar com elas, rememorando situações boas da infância e da vida de modo geral.

c) Finda a música, o facilitador reunirá o grupo em círculo, estando todos sentados, e lerá o texto "Por que as pessoas sofrem?".

d) Será então aberta a plenária para discussão da atividade realizada.

## PONTOS A SEREM LEVANTADOS NA DISCUSSÃO

☑ Permitimo-nos viver alegremente?

☑ Conservamos em nós pensamentos bons e positivos?

☑ Exteriorizamos nossa alegria e repartimos nossa felicidade?

☑ Deixamo-nos influenciar por fatores externos desagradáveis, ainda que ínfimos, assumindo uma postura de desesperança?

☑ Valorizamos o momento presente, valendo-nos das experiências do passado?

## TEXTO: POR QUE AS PESSOAS SOFREM?
### (Marco Antônio Spinelli)

– Vó, por que as pessoas sofrem?

– Como é que é?

– Por que as "pessoas grandes" vivem bravas, irritadas, sempre preocupadas com alguma coisa?

– Bem, minha filha, muitas vezes porque elas foram ensinadas a viver assim.

(Silêncio...)

– Vó...

– Oi...

– Como é que as pessoas podem ser ensinadas a viver mal? Não consigo entender.

– É que elas não percebem que foram ensinadas a ser infelizes e não conseguem mudar o que as torna assim. Você não está entendendo, não é, meu amor? Você lembra da história do patinho feio?

– Lembro.

– Então, o patinho se considerava feio porque era diferente de todo mundo. Isso o deixava muito perturbado, tão infeliz que um dia ele resolveu ir embora viver sozinho. Só que o lago que ele procurou para nadar tinha congelado, estava muito frio. Quando ele olhou para o seu reflexo no lago, percebeu que ele era, na verdade, um maravilhoso cisne. E assim se juntou aos seus iguais e viveu feliz para sempre.

(Mais silêncio...)

– O que isso tem a ver com a tristeza das pessoas?

– Bem, quando nascemos, somos separados da nossa "natureza-cisne". Ficamos como patinhos, tentando caber no que os outros dizem que está certo. Então, passamos muito tempo tentando virar patos.

– É por isso que as pessoas grandes estão sempre irritadas?

– Isso! Viu como você é esperta?

– Então é só a gente perceber que é cisne que dá tudo certo?

(A avó engasgou...)

— O que foi, vovó?

— Na verdade, minha filha, encontrar o nosso verdadeiro espelho não é tão fácil assim. Você lembra o que o patinho precisava fazer para se enxergar?

— O quê?

— Ele primeiro precisava parar de tentar ser um pato. Isso significa parar de tentar ser quem a gente não é. Depois, ele aceitou ficar um tempo sozinho para se encontrar.

— Por isso ele passou muito frio, não é, vovó?

— Passou frio e ficou sozinho no inverno.

— Por isso o papai anda tão sozinho e bravo?

— Como é, minha filha?

— Meu pai está sempre bravo, sempre quieto com a música e a televisão dele. Outro dia ele estava chorando no banheiro...

(Ficaram em silêncio por algum tempo...)

— Vó, o papai é um cisne que pensa que é um pato?

— Nós todos somos, querida.

— Ele vai descobrir quem ele é, de verdade?

— Vai, minha filha, vai. Mas, quando estamos no inverno, não podemos desistir, nem esperar que o espelho venha até nós. Temos que procurar ajuda até encontrarmos.

— E aí viramos cisnes?

— Nós já somos cisnes. Apenas deixamos que o cisne venha para fora e tenha espaço para viver.

(A menina deu um pulo da cadeira.)

— Aonde vai?

— Vou contar para o papai o cisne bonito que ele é.

A boa avó apenas sorriu...

# 10 — DANÇA DAS BEXIGAS

## OBJETIVOS

☑ Refletir sobre a importância do pensamento positivo para o fortalecimento das pessoas.

☑ Estimular o encorajamento e a percepção de que, ao enfrentarmos uma situação-problema com tranquilidade, sabedoria, positividade e persistência, é mais fácil chegarmos a uma solução satisfatória.

## MATERIAL

☑ Uma bexiga (balão de aniversário) para cada participante.

☑ Música: "Como uma onda" (Lulu Santos/Nelson Motta, interpretada por Tim Maia).

☑ Texto: "O desafio da montanha" (Melcíades José de Brito).

## PROCEDIMENTO

a) O facilitador reunirá o grupo num círculo e distribuirá uma bexiga para cada pessoa.

b) A seguir, oferecerá um ou dois minutos e cada integrante deverá pensar num problema que o(a) esteja afligindo naquele momento de sua vida.

c) As pessoas encherão, então, suas bexigas de aniversário, imaginando que estão colocando dentro delas os problemas que mentalizaram. Posteriormente, amarrarão seus respectivos balões.

d) Quando todos estiverem prontos, a música começará a tocar e os participantes brincarão com seus balões, imaginando que os problemas que lá dentro colocaram estão ficando cada vez mais leves e já estão começando a ser solucionados.

> É importante que cada pessoa tenha consciência de que o problema depositado dentro da bexiga de aniversário é apenas seu, por isso cada um deverá brincar individualmente com seu balão e não jogá-lo para as outras pessoas do grupo.

63

Dinâmicas de grupo para treinamento motivacional

e) Ao término da música, orientados pelo facilitador, todos deverão estourar seus balões, desejando e mentalizando firmemente que aqueles problemas que haviam sido depositados lá dentro estão indo embora, têm solução.

f) Posteriormente, será lido o texto: "O desafio da montanha", encerrando a dinâmica.

## PONTOS A SEREM LEVANTADOS NA DISCUSSÃO

☑ Por se tratar de uma dinâmica expressiva, a discussão fica atrelada às necessidades do grupo.

# TEXTO: O DESAFIO DA MONTANHA
## (Melcíades José de Brito)

Numa cidade havia uma montanha bastante íngreme e pedregosa, jamais escalada. Três amigos decidiram fazer a sua subida e, para isso, prepararam-se durante alguns dias. Muniram-se de todo o equipamento necessário, como cordas, alimentos e materiais de primeiros socorros. No dia estabelecido, iniciaram a aventura, que seria observada por várias pessoas.

Um deles, o mais jovem, iniciou sua subida fazendo grande alarde, concedendo entrevistas e se declarando, por antecipação, como o mais preparado para atingir o objetivo. Partiu eufórico e venceu os primeiros obstáculos com relativa facilidade. Prosseguiu na escalada e, quando já atingira uma determinada altura, em torno de 10% do desafio a percorrer, parou para descansar. Já sentia forte cansaço e em seu corpo já se percebiam as marcas de alguns ferimentos, resultantes do contato com a vegetação nativa e espinhosa que encobria a montanha.

Do ponto em que se encontrava, olhou para o alto... e sentiu um frio percorrer-lhe a espinha. Estava ainda muito distante do ponto de chegada. Teve medo. O desafio era maior do que suas forças. A distância que faltava percorrer era gigantesca. Desistiu. Acabrunhado, voltou ao ponto de partida, deixando, no exato ponto onde parou, uma placa com os dizeres: "É difícil".

O outro, igualmente jovem, porém mais determinado, foi muito mais além. Enfrentou barreiras e espinhos, expôs-se ao vento que era mais forte, feriu os pés e as mãos, despendeu grandes esforços e atingiu a metade do monte. Só aí parou para descansar. Estava esgotado e bastante maltratado.

Olhou para baixo... e sentiu calafrios. Era aterrorizador olhar para baixo e ver a altura em que se encontrava. Entristeceu-se. Já fizera todo aquele esforço e ainda não lograra o êxito desejado. Qualquer deslize ali poderia ser fatal. Sentiu medo. O desafio era maior do que suas forças. Desistiu. Acabrunhado, retornou ao ponto de partida, deixando, no exato ponto onde parou, uma placa com os dizeres: "É difícil acreditar que cheguei aqui".

O terceiro deles, mais amadurecido e reservado, nada disse nem prometeu. Iniciou sua caminhada de forma obstinada e segura. Atravessou barreiras e espinhos, superou desafios e dificuldades, expôs-se a situações desconfortáveis e dolorosas, experimentou ferimentos nos pés e nas mãos, mas prosseguiu em seu intento. Acreditava que podia chegar.

Não olhou para cima, nem olhou para baixo. Apenas prosseguiu. De forma determinada e gradual, foi alcançando, passo a passo, seu objetivo. Via apenas uma coisa: o objetivo traçado.

Estava com a mente colocada bem adiante, no lugar da chegada. E, com esse ânimo, foi superando os obstáculos que surgiam, sem deixar se abater por eles.

Após muito esforço e muita determinação, chegou ao topo da montanha. O desafio estava vencido. Lá em cima, radiante com a conquista realizada, escreveu: "É difícil acreditar que cheguei aqui, porém, mais difícil foi acreditar que poderia chegar".

# 11 — RODA DE AMIGOS

## OBJETIVOS

☑ Experimentar os benefícios do calor humano e perceber o quanto ele é capaz de unir a todos num só movimento (coreografia).

☑ Vivenciar a importância da expressão do afeto e de bons sentimentos, comprovando que eles resultam numa sensação positiva.

## MATERIAL

☑ Uma peça de elástico de roupa (ou um rolo pequeno de barbante).

☑ Música: "Friends for life" ("Amigos para sempre"), interpretada por José Carreras e Sarah Brightman.

☑ Texto: "A casa dos mil espelhos" (extraído do folclore japonês).

## PROCEDIMENTO

a) Os participantes do grupo deverão ficar de pé, formando um círculo amplo, estando todos bem distanciados uns dos outros.

b) A um deles será oferecida a peça de elástico. Essa pessoa deverá dar uma volta de elástico ao redor da sua cintura e passar o restante da peça para o colega da direita, que fará a mesma coisa até que a peça retorne ao participante inicial.

c) Este deverá amarrar o final do elástico da peça em sua ponta inicial, que já estava em sua cintura.

d) Estará formada, então, uma roda, tendo todos os integrantes enlaçados pela cintura e ligados entre si pelo elástico.

e) Ao som da música "Amigos para sempre", as duplas que estiverem vizinhas no círculo deverão ir "laçando" um colega do lado oposto, seguindo o ritmo da música, realizando esta regra, uma dupla de vizinhos da roda por vez.

f) Aos poucos, todos estarão muito próximos, formando um único bloco, e deverão continuar se movimentando em conjunto, acompanhando e cantando a música até o final.

g) Após a execução da atividade, o facilitador lerá para o grupo o texto "A casa dos mil espelhos".

## PONTOS A SEREM LEVANTADOS NA DISCUSSÃO

☑ Por se tratar de uma dinâmica expressiva, não é necessário discuti-la, a menos que alguns participantes desejem tecer comentários.

---

### TEXTO: A CASA DOS MIL ESPELHOS
#### (extraído do folclore japonês)

Tempos atrás, em um distante e pequeno vilarejo, havia um lugar conhecido como a casa dos mil espelhos.

Um pequeno e feliz cãozinho soube desse lugar e decidiu visitá-lo.

Lá chegando, saltitou feliz escada acima, até a entrada da casa.

Olhou através da porta de entrada, com suas orelhinhas bem levantadas e a cauda balançando tão rapidamente quanto podia.

Para sua grande surpresa, deparou com outros mil pequenos e felizes cãezinhos, todos com suas caudas balançando tão rapidamente quanto a dele.

Abriu um enorme sorriso e foi correspondido com mil enormes sorrisos.

Quando saiu da casa, pensou:

– Que lugar maravilhoso! Voltarei sempre, um montão de vezes!

Nesse mesmo vilarejo, um outro pequeno cãozinho, que não era tão feliz quanto o primeiro, decidiu visitar a casa.

Escalou lentamente as escadas e olhou através da porta.

Quando viu mil olhares hostis de cães que o olhavam fixamente, rosnou e mostrou os dentes e ficou horrorizado ao ver mil cães rosnando e mostrando os dentes para ele.

Quando saiu, ele pensou:

– Que lugar horrível! Nunca mais volto aqui!

---

# RELAXAMENTO PELA RESPIRAÇÃO

## OBJETIVO

☑ Promover o relaxamento das pessoas do grupo.

## MATERIAL

☑ Música: "Bolero de Ravel" (Maurice Ravell, interpretada por Robertinho do Recife).
☑ Música: "Peaceful ocean surf" (*The sounds of nature*/Sons do mar).

## PROCEDIMENTO

> Obs.: Esta dinâmica não requer discussão após sua aplicação.

a) Os participantes deverão estar descalços e caminhar lentamente pela sala ao som da música "Bolero de Ravel".

b) O facilitador, que deverá realizar esta primeira parte do relaxamento juntamente com o grupo para orientá-lo, solicitará, após alguns segundos de caminhada, que todos parem onde estiverem, encostem as mãos o mais próximo que conseguirem dos pés e, inspirando lenta e profundamente, comecem a elevar os braços para o alto até se esticarem por completo.

c) Isso feito, deverão abaixar rapidamente os braços em direção ao chão, levando novamente as mãos o mais próximo que puderem dos seus pés, ao mesmo tempo expulsando fortemente o ar dos seus pulmões.

d) Por várias vezes durante a execução da música, será realizada a respiração completa, como foi explicado nas etapas *b* e *c*, observando que, entre uma respiração completa e outra, todos deverão caminhar lentamente pela sala, da maneira mais descontraída, lenta e relaxada que puderem.

e) Ao término da música, sem que conversem, para que não percam a concentração, os participantes serão convidados a se deitarem no chão (carpete ou colchonete).

f) O facilitador orientará todos a se esticarem como se estivessem se espreguiçando, enquanto inspiram. Ao expirarem, deverão virar-se para o lado e abraçarem suas pernas, contraindo-se o mais possível em posição semelhante à fetal.

g) Os movimentos acompanhados pela respiração, como foi explicado na etapa *f*, deverão ser repetidos pelo grupo por, no mínimo, seis vezes.

h) O facilitador solicitará, então, que permaneçam deitados e procurem a posição ideal de descanso, ficando o mais relaxados possível.

i) Será colocada a música "Peaceful ocean surf" em volume bem baixo, e os participantes serão conduzidos pelo facilitador com a seguinte voz de comando: "Feche os olhos bem devagarzinho. Preste atenção por um instante no seu corpo... na musculatura do seu rosto... da região da sua boca... nos músculos do seu pescoço... dos seus ombros... dos seus braços e das suas mãos... na musculatura das suas costas... das suas pernas e dos seus pés... na musculatura do seu abdome... e nos músculos da sua região peitoral. Procure soltar ao máximo todos os seus músculos... ficando bem mole e leve... o mais que você conseguir. Agora, respire profundamente pelo nariz e solte o ar pela boca... cuidando para que todo o seu corpo continue bem leve... Respire novamente pelo nariz e solte o ar pela boca. Mais uma vez... respire pelo nariz e solte o ar pela boca. Imagine agora uma praia bem bonita... areia clara e fininha... alguns coqueiros oferecendo sombra... o mar calmo e transparente... com as ondas suaves... o Sol maravilhosamente brilhante. Imagine-se, agora, caminhando descalço e lentamente na areia dessa praia... Sinta a areia na planta dos seus pés... e caminhe vagarosamente em direção ao mar... Sinta a brisa suave na sua pele... o calor gostoso do Sol... Continue caminhando lentamente em direção ao mar... Molhe seus pés na água morninha... Continue entrando no mar calmo... tranquilo... e transparente... Flutue na superfície da água... Solte-se... Permita que seu corpo acompanhe os movimentos das pequeninas ondas desse mar... Sinta o gostinho salgado da água do mar em sua boca... Ouça o barulhinho das gaivotas... Sinta-se completamente relaxado e em paz. Lentamente, toque o fundo do mar com as plantas dos seus pés... Fique de pé dentro do mar... bem devagarzinho... e comece a voltar calma e lentamente até a areia da praia... Caminhe devagar... Sinta a areia fininha nos seus pés... e procure a sombra de um coqueiro... Sente-se à sombra do coqueiro que você escolheu... sentindo a brisa macia em sua pele... descanse... e admire a beleza desse cenário por alguns instantes... Sinta a paz e a harmonia que este momento está lhe proporcionando. Aos poucos, volte a prestar atenção na sua respiração e no seu corpo. Você está lentamente retornando ao ambiente desta sala. Abra os olhos bem devagarzinho, espreguice e boceje. Sente-se apenas quando achar que pode".

# 13 — O PERSONAGEM

## OBJETIVOS

☑ Refletir sobre o potencial criativo do ser humano.

☑ Transferir essa discussão para os ganhos que uma equipe de trabalho pode obter ao aproveitar a somatória de ideias e de opiniões.

☑ Dialogar sobre o respeito que devemos ter às opiniões e ideias dos outros, entendendo que cada pessoa cria ou descreve algo de acordo com sua vivência pessoal e suas experiências de vida.

☑ Conversar sobre as coincidências (caso tenha havido muitas), lembrando que uma equipe em sintonia produz resultados harmônicos e torna possível o alcance de metas de uma maneira mais efetiva.

☑ Aproveitar a dinâmica para favorecer o relaxamento, utilizando-a em momentos de grande agitação do grupo ou após alguma atividade de discussão complexa.

## MATERIAL

☑ Um formulário (modelo abaixo) e uma caneta para cada participante.

☑ Música: "Through the arbor" (Kevin Kern).

---

FORMULÁRIO

1. Nome do personagem: ____ ____ ____ ____ ____ ____ ____

(sete letras)

2. Descrição do personagem:

( ) Ser vivo ( ) Objeto

---

Dinâmicas de grupo para treinamento motivacional

3. Quantos anos ele tem? _____

4. Qual é sua cor (ou cores)? _____

5. Qual é o seu tamanho? _____

6. Que forma ele tem? _____

7. Onde ele vive? _____

8. Como ou quando lhe é útil? _____

_____

_____

9. Escreva uma característica positiva dele: _____

## PROCEDIMENTO

a) Serão distribuídas uma cópia do formulário e uma caneta para cada participante.

b) Sete voluntários do grupo dirão, um por vez, uma letra qualquer do alfabeto. Essas letras serão anotadas por todos do grupo no espaço inicial dos seus respectivos formulários, formando, assim, o nome do personagem.

c) Em seguida, os participantes deverão deitar-se no chão, numa posição bem confortável, deixando seus formulários próximos de si. Eles serão, então, conduzidos pelo facilitador a um breve relaxamento.

d) Tendo como música de fundo "Through the arbor", o facilitador dará a seguinte voz de comando: "Feche os olhos bem devagarzinho. Respire pelo nariz e solte o ar pela boca... Novamente, respire pelo nariz e solte o ar pela boca... Mais uma vez, respire pelo nariz e solte o ar pela boca... Agora, imagine que você está passeando num bonito bosque, com muitas árvores... plantas... flores... pássaros coloridos... Caminhe descalço por esse bosque... sentindo a grama macia na planta dos seus pés... sentindo a brisa leve brincar com os seus cabelos... o sol quentinho no seu corpo... respirando ar puro... Mantenha a respiração tranquila. Observe a beleza da natureza... o colorido maravilhoso das flores... dos pássaros... a calma desse local. Perceba que você, neste momento, está em harmonia... consigo mesmo... com as pessoas... com as plantas e animais... com o planeta Terra... com o Universo. Mentalize, agora, as pessoas com as quais você convive e emane a elas, neste momento, um sentimento de profunda compreensão. Aos poucos, volte a prestar atenção na sua respiração... Movimente vagarosamente seu corpo como se estivesse acordando agora. Abra os olhos bem devagarzinho, espreguice e boceje. Sente-se apenas quando você achar que pode".

e) Após todos terem retomado a posição sentada, o facilitador solicitará que preencham individualmente seus formulários, caracterizando o personagem como desejarem.

f) Quando todos tiverem concluído, cada participante deverá ler, em voz alta, para os colegas do grupo, os dados de seu personagem.

g) Finalizada essa etapa, será aberta a plenária para discussão da dinâmica.

## PONTOS A SEREM LEVANTADOS NA DISCUSSÃO

☑ Houve coincidência nas criações de personagem, parecendo existir sintonia de ideias entre as pessoas, ou houve muita diversidade nessas criações?

☑ No dia a dia, as opiniões dos membros da equipe são muito controversas?

☑ Sabemos ouvir e ceder ou nos colocamos muitas vezes numa posição irredutível perante nossa equipe de trabalho?

☑ E na vida familiar e social? Como agimos com relação a esses aspectos?

# 14 — AVIÕEZINHOS DE ELOGIOS

## OBJETIVOS

☑ Estimular a manifestação de carinho e refletir sobre a importância dessa atitude.

☑ Equilibrar a autoestima da equipe.

☑ Discutir a importância do respeito às características de cada pessoa, para que seja promovido o bom funcionamento de um grupo.

☑ Ressaltar que todas as pessoas têm coisas boas para repartir com as outras e lembrar que não podemos, ainda que atropelados pelo corre-corre diário, deixar de observar isso.

☑ Prestar atenção na autoimagem, conscientizando-se de que o *marketing* pessoal está diretamente relacionado à manifestação das características pessoais.

☑ Entender *marketing* pessoal como um conjunto de características que compõem cada um de nós, como a nossa vitrine, passando muitas vezes a ser o diferencial para a possibilidade da obtenção de sucesso, tanto no âmbito pessoal quanto no profissional.

## MATERIAL

☑ Uma folha de papel sulfite e uma caneta esferográfica para cada participante.

☑ Música: "Lindo balão azul" (Guilherme Arantes).

☑ Texto: "Você é importante" (autor desconhecido).

## PROCEDIMENTO

a) Cada participante receberá uma caneta e uma folha de papel sulfite, na qual deverá escrever: "Eu, _____, sou..."

Obs.: Deverão deixar a linha vazia, sem colocar seus nomes.

b) Abaixo dessa frase, anotarão aproximadamente seis qualidades que julgarem possuir.

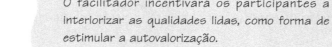

Nesta etapa, o facilitador os incentivará, dizendo que eles podem escrever tudo de bom que pensam a respeito deles próprios, uma vez que ninguém saberá quem escreveu. Por isso, não devem assinar seus nomes nas folhas a fim de não serem identificados.

c) Quando terminarem, cada um fará um aviãozinho de dobradura com a sua folha. Será explicado que quem não souber fazer avião poderá solicitar ajuda dos colegas.

d) Concluída essa etapa, o facilitador pedirá que todos fiquem de pé e brinquem com os aviõezinhos ao som da música "Lindo balão azul".

e) Ao término da canção, cada participante pegará um aviãozinho para si (preferencialmente outro qualquer que não seja o seu) e todos formarão, sentados, um círculo.

f) Cada pessoa deverá abrir o aviãozinho que estiver segurando e ler seu conteúdo em voz alta para o grupo todo, completando com o seu nome o espaço demarcado pela linha.

O facilitador incentivará os participantes a interiorizar as qualidades lidas, como forma de estimular a autovalorização.

g) Ao final da leitura de cada pessoa, o grupo todo deverá aplaudi-la.

h) Posteriormente, será aberta a plenária para discussão da dinâmica. Seu fechamento se dará com a leitura do texto "Você é importante".

## PONTOS A SEREM LEVANTADOS NA DISCUSSÃO

- ☑ Conseguimos realizar adequada e oportunamente nosso *marketing* pessoal?
- ☑ É mais comum e mais fácil para nós falarmos dos nossos defeitos ou das nossas qualidades?
- ☑ Como agimos com as pessoas do nosso convívio: estamos atentos para as qualidades delas e as elogiamos?
- ☑ Qual é a importância do "reforço positivo" para o ser humano?

☑ Costumamos julgar e rotular as pessoas pelas características negativas que elas manifestam, esquecendo-nos de suas qualidades?

☑ Estamos atentos aos aspectos positivos das outras pessoas, observando os detalhes que às vezes ficam embutidos em seus comportamentos?

## TEXTO: VOCÊ É IMPORTANTE
### (Autor desconhecido)

1. Diga o nome das cinco pessoas mais ricas do mundo.
2. Fale o nome dos cinco últimos ganhadores do prêmio Nobel, aquele dado para personalidades que se destacaram na ciência, na economia, nos assuntos da paz.
3. Agora, diga o nome das cinco últimas misses Universo. Lembrou?
4. Dê agora o nome de dez ganhadores de medalha de ouro em Olimpíadas.
5. E, para terminar, cite os últimos 12 ganhadores do Oscar.

Como foi, lembrou de algum? Difícil, não?

E olhe que são pessoas famosas; não são anônimas, não!

Mas o aplauso morre, prêmios envelhecem, grandes acontecimentos são esquecidos.

Agora, tente este outro teste:

1. Escreva o nome dos professores de que você mais gostava.
2. Cite três amigos que ajudaram você em momentos difíceis.
3. Pense em cinco pessoas que lhe ensinaram alguma coisa valiosa.
4. Recorde pessoas que fizeram você se sentir amado e especial.
5. Pense em cinco pessoas com quem você gosta de estar.

Mais fácil esse teste, não?

Sabe qual é a moral da história?

"As pessoas que fazem a diferença na sua vida não são as que têm mais credenciais, dinheiro ou prêmios. São as que se importam com você!"

# 15 — ENERGIZAÇÃO EM DUPLAS

## OBJETIVOS

☑ Favorecer a concentração, o relaxamento e a harmonia do grupo.

☑ Estimular a linguagem expressiva (não verbal).

☑ Trabalhar a importância do toque energético na promoção do bem-estar das pessoas e relembrar a contribuição que podemos oferecer ao "emprestar o ombro a um amigo".

## MATERIAL

☑ Música: "Água" (Djavan).

☑ Texto: "A parte mais importante do corpo" (autor desconhecido).

## PROCEDIMENTO

a) O facilitador deverá solicitar que, se possível, todos fiquem descalços e depois formem duplas.

b) As pessoas que compõem as duplas deverão ficar de frente uma para a outra e tocar levemente as palmas de suas mãos.

c) A seguir, deverão fechar os olhos e, com movimentos lentos e amplos, seguir a sonoridade da música.

d) As pessoas que formam as duplas deverão ser orientadas pelo facilitador a ora comandar os movimentos, ora acompanhar os movimentos de seus parceiros.

e) O facilitador deverá caminhar lentamente pela sala, durante a execução da dinâmica, e solicitar várias vezes dos participantes: "Respirem pelo nariz... e soltem o ar pela boca. Imaginem muita água corrente... cachoeira... rio... mar... Pensem em coisas boas que desejam para si e para os outros... Enviem mentalmente pensamentos positivos para todos do grupo".

f) Ao término da música, o facilitador orientará que todos abram os olhos bem devagar, espreguicem-se e bocejem.

## PONTOS A SEREM LEVANTADOS NA DISCUSSÃO

☑ Como nos sentimos ao irradiar pensamentos positivos para as pessoas?

☑ Conseguimos perceber que cada um de nós é responsável pela harmonia de um grupo?

☑ Conscientizamo-nos de que, na vida, em algumas situações podemos conduzir os acontecimentos e em outras somos conduzidos por eles?

# TEXTO: A PARTE MAIS IMPORTANTE DO CORPO
## (Autor desconhecido)

Quando eu era muito jovem, minha mãe me perguntou qual era a parte mais importante do corpo. Eu achava que o som era muito importante para nós, seres humanos, então eu disse:

— Os ouvidos, mãe.

E ela me falou:

— Não. Muitas pessoas são surdas. Mas continue pensando sobre este assunto. Em outra oportunidade eu volto a lhe perguntar.

Algum tempo se passou, até que minha mãe repetiu a mesma pergunta. Desde que eu fizera a primeira tentativa de acertar, imaginava ter encontrado a resposta correta. Assim, dessa vez eu lhe disse:

— Mãe, a visão é muito importante para todos, então devem ser os olhos.

Ela me olhou e disse:

— Você está aprendendo rápido, mas a resposta ainda não está correta, porque há muitas pessoas que são cegas.

Dei mancada outra vez. Eu continuei minha busca por conhecimento ao longo do tempo e minha mãe me perguntou várias vezes e sempre sua resposta era:

— Não, mas você está ficando mais esperta a cada ano.

Então, um dia, meu avô morreu. Todos estavam tristes. Todos choravam. Até meu pai chorou. Eu me recordo bem, porque tinha sido apenas a segunda vez que eu o via chorar. Minha mãe olhou para mim quando fui dar o meu adeus final ao vovô. Ela me perguntou:

— Você já sabe qual é a parte mais importante do corpo?

Fiquei meio chocada por ela me fazer aquela pergunta naquele momento. Eu sempre achara que aquilo fosse apenas um jogo entre mim e ela. Percebendo que eu estava confusa, ela me disse:

— Esta pergunta é muito importante. Mostra que você viveu realmente a sua vida. Para cada parte do corpo que você citou no passado, eu lhe disse que estava errada e lhe dei um exemplo e uma justificativa. Mas hoje é o dia que você necessita aprender esta importante lição.

Ela me olhou de um jeito que somente uma mãe pode fazer. Eu vi lágrimas em seus olhos. Ela disse:

— Minha querida, a parte do corpo mais importante são os ombros.

Eu perguntei:

– Porque eles sustentam minha cabeça?

Ela respondeu:

– Não, é porque o ombro pode apoiar a cabeça de um amigo ou de alguém amado quando ele chora. Todos precisam de um ombro para chorar em algum momento de suas vidas. Eu espero que você tenha bastante amor e muitos amigos e que você tenha sempre um ombro para eles chorarem quando precisarem.

Então eu descobri que a parte do corpo mais importante não é egoísta. É ser "simpático" à dor dos outros. E, para completar, em algum lugar eu li: "As pessoas se esquecerão do que você disse. As pessoas se esquecerão do que você fez. Mas as pessoas nunca se esquecerão de como você as fez sentir. Os bons amigos são como estrelas: você nem sempre as vê, mas sabe que sempre estão lá".

# 16 FITAS COLORIDAS

## OBJETIVOS

☑ Reconhecer e valorizar as coisas simples da vida.

☑ Estimular a interiorização e a exteriorização de sentimentos bons e positivos, percebendo que, por meio deles, conseguimos nos renovar.

☑ Vivenciar a força do potencial criativo de uma equipe de trabalho, quando seus integrantes estão abertos para a troca de experiências.

☑ Equilibrar a autoestima da equipe, valorizando o potencial de cada um dos seus integrantes.

## MATERIAL

☑ Rolinhos de papel crepom branco, de aproximadamente 5 cm de largura, em número igual ao de participantes do encontro.

☑ Rolinhos de papel crepom roxo, de aproximadamente 5 cm de largura, em número igual ao de participantes do encontro.

☑ Rolinhos de papel crepom vermelho, de aproximadamente 5 cm de largura, em número igual ao de participantes do encontro.

☑ Músicas: 1ª música: "Shepherd moon" (Enya); 2ª música: "Book of days" (Enya); 3ª música: "Maluco beleza" (Raul Seixas).

☑ Fita adesiva e papel-manilha.

☑ Texto: "Levante seus olhos" (Henry G. Bosch).

## PROCEDIMENTO

a) Será oferecido, a cada participante, um rolinho de papel crepom branco, que deverá ser aberto em fita.

b) Ao som da música "Shepherd moon", todos deverão caminhar pela sala, descalços e livremente, acompanhando a voz de comando do facilitador: "Concentre a sua atenção na cor branca da fita... Imagine, enquanto caminha lentamente pela sala, que uma luz branca está envolvendo você... ao mesmo tempo em que está preenchendo este ambiente... Respire profundamente pelo nariz e solte o ar pela boca... sempre imaginando a luz branca ao seu redor... Ao respirar profundamente, deslize a fita branca pelo seu corpo... envolva-se com ela... continue caminhando bem lentamente pela sala... prestando atenção na música... respirando pelo nariz e soltando o ar pela boca... e sentindo muita paz... muita tranquilidade... Envie mentalmente pensamentos de paz e tranquilidade para as pessoas e os animais... para o planeta Terra... para o Universo".

c) Imediatamente após o término da primeira música, e solicitando que os participantes continuem concentrados e não conversem nesse momento, o facilitador lhes distribuirá os rolinhos de papel-crepom roxo, que também serão abertos em forma de fita, e dará início à segunda música: "Book of days".

d) Todos deverão continuar caminhando pela sala bem lentamente, segurando a fita branca e a roxa, enquanto seguem a voz de comando do facilitador: "Leve a sua atenção agora para a fita de cor roxa... Imagine, enquanto respira profundamente pelo nariz e solta o ar pela boca, que uma luz violeta está iluminando este ambiente e envolvendo você... Deslize as fitas branca e roxa pelo seu corpo... Fixe a atenção nessas duas cores... Você está interiorizando uma sensação de equilíbrio e harmonia neste momento... Respire profundamente pelo nariz e solte o ar pela boca... Sinta as luzes branca e violeta por todo este ambiente... envolvendo você... Perceba a calma... a tranquilidade... o bem-estar físico, mental e espiritual... Concentre-se nas cores das fitas e na música... Envie mentalmente pensamentos de harmonia para as pessoas e os animais... para o planeta Terra... para o Universo".

e) Imediatamente após o término da segunda música, e solicitando que os participantes continuem concentrados, o facilitador lhes distribuirá os rolinhos de papel-crepom vermelho, que também serão abertos em forma de fita, e colocará a terceira música: "Maluco beleza".

f) Todos serão então convidados a cantar e dançar, estimulando a alegria, o bom humor e o alto-astral.

g) Terminada a terceira música, os participantes deverão utilizar as fitas que receberam, para construir, todos juntos, uma única escultura ou painel que represente o grupo. Para essa etapa, o facilitador fornecerá aos participantes fita-crepe e papel-manilha, que deverão ser usados se o grupo quiser. Caso o grupo consiga elaborar uma construção sem esses dois materiais, eles serão descartados.

h) Posteriormente, será aberta a plenária para discussão da dinâmica; seu fechamento se dará com a leitura do texto "Levante seus olhos".

## PONTOS A SEREM LEVANTADOS NA DISCUSSÃO

☑ No nosso dia a dia, conseguimos valorizar as coisas aparentemente simples da vida? Por exemplo: nós nos entregamos aos benefícios de uma música relaxante, como alternativa para nos fortalecer, permitindo que enfrentemos com mais tranquilidade os problemas e afazeres?

☑ Percebemos a beleza das coisas simples ou vivemos numa eterna e desenfreada procura, quando na realidade aquilo de que precisamos para viver melhor está bem perto de nós?

☑ Complicamos a realidade, imaginando que o melhor caminho é também o mais difícil, ou percebemos que, muitas vezes, as soluções para os problemas estão muito próximas de nós?

☑ Notamos e valorizamos a nossa capacidade criativa ou não acreditamos que conseguiremos atingir metas valendo-nos de nossas habilidades?

**85**

**Dinâmicas**
de grupo para
treinamento
motivacional

# TEXTO: LEVANTE SEUS OLHOS
## (Henry G. Bosch)

Uma senhora, cujo trabalho exigia leitura constante, começou a ter dificuldades com seus olhos, por isso consultou um médico. Depois de um exame, ele disse:

– Os seus olhos estão somente cansados; você precisa descansá-los.

– Mas isso é impossível por causa do tipo de trabalho que faço... – replicou a mulher.

Depois de alguns momentos, o médico respondeu:

– Você tem janelas no lugar de seu trabalho?

– Oh, sim! – respondeu ela com entusiasmo. – Das janelas da frente consigo ver os picos nobres das montanhas e das janelas dos fundos posso ver as gloriosas elevações de Allegheny, aos pés das montanhas.

O médico respondeu:

– É exatamente disso que você precisa. Quando sentir seus olhos cansados, olhe para as suas montanhas por 10 minutos – 20 seria melhor – e o olhar na distância vai descansar os seus olhos!

O que é verdadeiro no âmbito físico também é verdadeiro no reino espiritual. Os olhos da alma muitas vezes estão cansados e fracos de tanto focalizar os nossos problemas e dificuldades. O olhar para cima – o olhar a distância – vai restaurar a nossa perspectiva de vida.

Às vezes nos sentimos sobrecarregados pelas dificuldades da vida. Todavia, se olharmos para longe, nossos problemas serão colocados na devida perspectiva e teremos nossas forças renovadas.

Vamos levantar os nossos olhos!

# 17 — MOVIMENTANDO A RODA

## OBJETIVOS

☑ Exercitar o jogo de cintura e a criatividade, entendendo que esses são requisitos básicos para a adaptabilidade e a adequação do ser humano, seja na vida profissional, seja na pessoal.

☑ Respeitar as ideias de outrem, abandonando comportamentos tais como orgulho e vaidade, pois muitas vezes eles afastam as pessoas e bloqueiam a evolução do grupo.

☑ Perceber a necessidade de envolvimento de todos os que compõem um grupo para que a dança do dia a dia possa ter uma coreografia bela e resolutiva.

☑ Reconhecer que, quando assumimos nossas falhas, inicia-se um novo processo de aprendizado e crescimento.

## MATERIAL

☑ Música: "Orinoco flow" (Enya).
☑ Texto: "O biscoito" (autor desconhecido).

## PROCEDIMENTO

a) O grupo será dividido em subgrupos de seis a oito pessoas.

b) Os subgrupos formarão pequenos círculos e cada integrante deverá encostar as palmas de suas mãos nas palmas das mãos dos colegas que estiverem à sua esquerda e à sua direita. O facilitador orientará que não é para segurarem as mãos dos colegas; é apenas para encostarem as mãos espalmadas.

c) Quando iniciar a música, cada participante deverá realizar o maior número possível de movimentos com seu corpo todo, sem desencostar suas mãos das mãos dos colegas vizinhos, e terá, além disso, que fazer movimentos seguindo o ritmo da música. O facilitador orientará para que não ensaiem coreografias e para que procurem dificultar ao máximo os movimentos que criarem.

87

Dinâmicas de grupo para treinamento motivacional

d) Finalizada a tarefa, todos deverão sentar-se em um único círculo para discussão da dinâmica, que será finalizada com a leitura do texto "O biscoito".

## PONTOS A SEREM LEVANTADOS NA DISCUSSÃO

☑ Na rotina diária, conseguimos ter suficiente jogo de cintura para – além de dançar conforme a música – acompanhar as mudanças que nos são impostas?

☑ No exercício proposto, houve a percepção de que ora comandamos, ora fomos comandados pelos colegas vizinhos?

☑ No nosso cotidiano, sabemos abrir mão de nossas ideias para investir em outras ideias aparentemente melhores, sugeridas por outra pessoa ou outro grupo de pessoas de nossa equipe, ou, ao não termos nossas ideias aceitas, simplesmente nos alienamos do grupo e deixamos de colaborar?

☑ Estamos abertos para ouvir, perceber e corrigir nossas falhas, quando elas ocorrem?

# TEXTO: O BISCOITO
## (Autor desconhecido)

Certo dia uma moça estava à espera de seu voo na sala de embarque de um aeroporto.

Como ela deveria esperar por muitas horas, resolveu comprar um livro para matar o tempo. Também comprou um pacote de biscoitos.

Então ela encontrou uma poltrona numa parte reservada do aeroporto para que pudesse descansar e ler em paz, e ao lado dela sentou-se um homem.

Quando ela pegou o primeiro biscoito, o homem também pegou um. Ela se sentiu indignada, mas não disse nada.

Ela pensou consigo mesma: "Mas que cara de pau! Se eu estivesse em outro local, juro que lhe daria um tapa na cara para que ele nunca mais se esquecesse".

Para cada biscoito que ela pegava, o homem também pegava um. Aquilo a deixava tão furiosa que ela não conseguia reagir. Restava apenas um biscoito e ela pensou: "O que será que o abusado vai fazer agora?".

Então, o homem dividiu o biscoito ao meio, deixando a outra parte para ela.

Aquilo a deixou irada e bufando de raiva. Ela pegou seu livro e suas coisas e dirigiu-se ao embarque.

Quando se sentou confortavelmente em seu assento, para sua surpresa, seu pacote de biscoitos estava ainda intacto dentro de sua bolsa.

Ela sentiu muita vergonha, pois quem estava errada era ela e já não havia mais tempo de pedir desculpas.

O homem dividira seus biscoitos sem se sentir indignado, ao passo que isso a deixara muito transtornada.

Quantas vezes em nossa vida somos nós que estamos comendo os biscoitos dos outros e não temos a menor consciência de que os errados somos nós?

Dinâmicas de grupo para treinamento motivacional

# 18 — MONTAGEM COM ARGILA

## OBJETIVOS

☑ Promover a alegria, a descontração e o lúdico.

☑ Desenvolver a criatividade.

☑ Trabalhar a organização da equipe.

☑ Estimular a percepção de que todas as produções são necessárias para a construção de uma tarefa do grupo e que, se nos abstraímos de colaborar, a equipe pode deixar de obter melhores resultados.

## MATERIAL

☑ Um pedaço de plástico grande, que acomode a argila.

☑ Aproximadamente 5 kg de argila.

☑ Pequenos recipientes com água, para auxiliar na modelagem.

☑ Palitinhos de dente e de sorvete.

☑ Texto: "A brasa isolada" (autor desconhecido/Sérgio Barros, indicado como tradutor da mensagem).

## PROCEDIMENTO

a) A argila deverá estar no chão sobre o plástico e os participantes deverão estar descalços. Serão orientados pelo facilitador para que aproveitem esse momento inicial da dinâmica e amassem à vontade a argila com os pés, pisando nela livremente.

b) Após alguns minutos de descontração, cada participante deverá pegar a quantidade de argila que quiser, observando, porém, que todos tenham oportunidade de se servir.

c) Após receber palitinhos de dente, de sorvete e recipientes com água, cada pessoa deverá construir, individualmente, a modelagem que desejar.

d) O facilitador avisará que terão, para a conclusão dessa etapa, aproximadamente 15 minutos.

e) Posteriormente, o grupo terá mais 15 minutos para que, utilizando todas as produções individuais, construa uma única escultura coletiva.

f) Será aberta a plenária para discussão da dinâmica; seu fechamento se dará com a leitura do texto "A brasa isolada".

### PONTOS A SEREM LEVANTADOS NA DISCUSSÃO

☑ Houve colaboração e respeito entre todos do grupo ao repartirem a argila?

☑ Houve vontade real de aproveitar a dinâmica para o desenvolvimento da própria criatividade?

☑ Foi respeitada a regra de construção segundo o desejo individual, ou alguns "copiaram" as modelagens dos outros?

☑ Na escultura em grupo, houve produções individuais rejeitadas?

☑ O grupo esforçou-se para incluir a contribuição de todos os participantes na produção final?

☑ O grupo conseguiu manter a organização para trabalhar em equipe?

# TEXTO: A BRASA ISOLADA

(Autor desconhecido/indicado Sérgio Barros como tradutor)

Um membro de um determinado grupo para o qual prestava serviços regularmente, sem nenhum aviso, deixou de participar.

Após algumas semanas, o líder do grupo decidiu visitá-lo. Era uma noite muito fria. O líder encontrou o homem em casa sozinho, sentado diante de um brilhante fogo.

Supondo a razão da visita, o homem deu-lhe boas-vindas, conduziu-o a uma grande cadeira perto da lareira e ficou quieto esperando. O líder se fez confortável, mas não disse nada.

No silêncio, sério, contemplou a dança das chamas em torno da lenha ardente.

Após alguns minutos, o líder examinou as brasas, cuidadosamente apanhou uma brasa ardente e deixou-a de lado. Então, voltou a sentar-se e permaneceu silencioso e imóvel.

O anfitrião, fascinado e quieto, prestou atenção a tudo.

Então, diminuiu a chama da solitária brasa, houve um brilho momentâneo e seu fogo apagou de vez. Logo estava fria e morta.

Nenhuma palavra tinha sido dita desde o cumprimento inicial. O líder, antes de se preparar para sair, recolheu a brasa fria e inoperante e colocou-a de volta no meio do fogo. Imediatamente, ela começou a incandescer de novo, com a luz e o calor dos carvões ardentes em torno dela.

Quando o líder alcançou a porta para partir, seu anfitrião disse:

— Obrigado tanto por sua visita quanto pelo sermão. Eu estou voltando ao convívio do grupo.

# 19 — FURO DE REPORTAGEM

## OBJETIVOS

- ☑ Promover um ambiente lúdico.
- ☑ Refletir acerca do potencial criativo de cada um.
- ☑ Conhecer novos dados de quem convive conosco, tomando o cuidado de respeitar seus limites.
- ☑ Aprender a compartilhar ideias e sentimentos, pois muitas vezes é isso o que falta para um melhor entrosamento da equipe.
- ☑ Manter a autocrítica com relação àquilo que temos vontade de manifestar para o outro.
- ☑ Não julgar preconceituosamente as pessoas, antes de conhecê-las melhor.
- ☑ Trabalhar as falhas e suas consequências na comunicação.

## MATERIAL

- ☑ Uma folha de papel sulfite e uma caneta esferográfica para cada participante.
- ☑ Um envelope para cada participante.

## PROCEDIMENTO

a) O facilitador distribuirá uma folha de papel sulfite, uma caneta e um envelope para cada participante.

b) A seguir, contará para eles a seguinte história: "Imagine que cada um de vocês que aqui está é um repórter batalhador e muito bom na profissão. Há muito tempo, você está esperando uma oportunidade para ficar consagrado e conhecido. Seu dia, finalmente, chegou! A *TVB* (*TV Bomba*) descobriu que você tem muito talento, ao tomar conhecimento de uma matéria brilhante que você fez, denominada 'A importância do Sol para a saúde das pessoas', que foi publicada num jornal de tiragem nacional, na semana passada. Você, então, foi convidado para entrevistar ao vivo, no horário nobre da emissora e em rede nacional, uma personalidade famosa. Acontece que, ao enviarem o convite para você, houve um pequeno problema de recepção no seu aparelho de fax e você só tomou conhecimento de que deverá entrar no ar para fazer a reportagem pela *TV Bomba*, em rede nacional, uma hora antes do início do programa. Você não conseguiu também que ninguém atendesse aos seus telefonemas, para lhe informar quem será seu entrevistado desta noite. Você não pode perder essa chance. É tudo o que você sempre sonhou. Seu futuro profissional e sua imagem pública estão atrelados ao bom desempenho que você poderá ter ou não, logo mais. Sua missão será: Sem saber quem vai ser entrevistado por você, elaborar seis perguntas para ele (ou ela), sendo três de caráter pessoal e três de caráter profissional".

c) O facilitador orientará a todos que escrevam as seis perguntas no papel, sem conversarem entre si. Para a conclusão desta etapa, serão destinados aproximadamente dez minutos.

d) Cada "repórter" deverá colocar seu papel dobrado dentro do envelope e depois todos serão convidados a formar um círculo (cada um segurando seu envelope).

e) Todos juntos brincarão de "escravos de Jó" durante alguns minutos, utilizando como instrumento de passagem o envelope.

f) Quando o facilitador avisar que a brincadeira acabou, cada integrante do círculo deverá formar uma dupla com seu colega da direita.

g) A regra agora será: "Cada pessoa da dupla deverá entrevistar a outra, seguindo as perguntas que estiverem em suas mãos e anotando as respostas. E vice-versa".

h) Para essa etapa, o facilitador oferecerá 30 minutos.

i) Posteriormente, será aberta a plenária para discussão e em seguida haverá o fechamento da dinâmica.

> Obs.: Se houver tempo disponível, o grupo poderá escolher as perguntas mais engraçadas, mais bizarras, mais indiscretas etc., aumentando o aspecto lúdico da atividade.

## PONTOS A SEREM LEVANTADOS NA DISCUSSÃO

☑ Vocês imaginavam que as perguntas alcançariam esse nível de curiosidade?

☑ Conseguiram conhecer algo dos colegas que não conheciam antes da atividade?

☑ Souberam ser claros na elaboração das perguntas que fizeram ao entrevistado?

☑ No dia a dia, preocupamo-nos em conhecer mais profundamente as pessoas, sem, contudo, invadi-las?

☑ Ficamos constrangidos quando alguém tenta nos conhecer melhor?
☑ Repartimos coisas da nossa vida com as pessoas que fazem parte do nosso convívio?
☑ Fomos invasivos nas perguntas?
☑ Fomos sinceros nas respostas?

# 20 — O BALÃO

## OBJETIVOS

☑ Relembrar a importância da pureza dos sentimentos das crianças, aproveitando para incluí-los no rol das nossas emoções positivas.

☑ Esta atividade tem como proposta ser a última de uma oficina, promovendo a despedida do grupo em clima de festa.

## MATERIAL

☑ Música/texto: "Pensar em coisas lindas" (Oswaldo Montenegro, interpretada por Madalena Salles – narração).

☑ Música: "Brincar de viver" (Guilherme Arantes, interpretada por Maria Bethânia).

☑ Um balão de aniversário gigante, "recheado" com balas, pequenos bombons e pequenos pedacinhos de papéis coloridos (picados).

☑ Um alfinete.

## PROCEDIMENTO

a) Previamente, o balão deverá ser recheado com doces e papéis picados; depois, será inflado e lacrado (amarrado com um nó).

b) Será colocada no aparelho de som a música/texto "Pensar em coisas lindas", para que o grupo todo ouça, em círculo, tendo sido o balão já colocado no centro da roda.

c) Imediatamente após a finalização do texto, será colocada a música "Brincar de viver".

d) Os participantes deverão brincar com o balão, jogando-o uns para os outros, até que a música esteja muito próxima do final, quando então o facilitador, da maneira mais imperceptível possível para o grupo, deverá estourá-lo com um alfinete.

e) As pessoas do grupo poderão servir-se à vontade dos doces que serão espalhados pelo chão com o estouro do balão.

Dinâmicas de grupo para treinamento motivacional

> Obs.: Por ser esta uma dinâmica de despedida do grupo, não necessita ser discutida. Fica, porém, a palavra à disposição, caso algum participante queira tecer algum comentário a seu respeito.

## MÚSICA/TEXTO: PENSAR EM COISAS LINDAS
### (Oswaldo Montenegro)

Quando anoitece no Vale Encantado,

Fica só um fiozinho de luz vermelha lá no horizonte.

E todas as crianças do mundo param para ver o pôr do sol.

Ah, o Deus das Fadas fica tão triste se a gente deixa de ver o pôr do sol!

A linha vermelha puxa uma carruagem cheia de estrelas

Onde está a Deusa dos Sonhos e seu pó mágico

Que faz a gente pensar coisas lindas...

Quando vocês estiverem tristes, pensem em coisas lindas!

Balas, travessuras, carinho, carrinho, beijo de mãe, brincadeira de queimado, árvore de Natal, árvore de jabuticaba, céu amarelo, bolas azuis, risada, colo de pai, história de avó...

Quando vocês forem grandes e acharem que a vida não é linda, pensem em coisas lindas.

Mas pensem com força, com muita força, porque aí...

O céu vai ficar cheio de vacas gordas amarelas, cachorro bonzinho, bruxa simpática, sorvete de chocolate, caramelos e amigos!

Vamos, vamos lá! Vamos pensar só em coisas lindas!

Brincar na chuva, boneca nova, boneca velha, bola grande, mar verde, submarino amarelo, fruta molhada, banho de rio, guerra de travesseiro, boneco de areia, princesas, heróis, cavalos voadores...

Ei! Já está anoitecendo no Vale Encantado!

Dorme em paz, minha criança querida.

Vamos pensar em coisas lindas até amanhecer.

# 21 — PRESENTINHOS

## OBJETIVOS

☑ Favorecer a despedida do grupo com uma mensagem positiva.

☑ Reafirmar a importância da troca de afeto e atenção para que sempre haja harmonia, seja no grupo social, seja no grupo profissional.

## MATERIAL

☑ Deverá ser confeccionado, para cada participante, um saquinho de papel crepom (cores variadas), contendo uma mensagem em seu interior, amarrado com fitilho e decorado com uma florzinha artificial, como um pacotinho de presente.

☑ Música: "Canção da América" (Milton Nascimento/Fernando Brant, interpretada por Milton Nascimento).

☑ Os presentinhos deverão estar dispostos em uma caixa enfeitada.

## PROCEDIMENTO

a) O grupo será convidado a formar um círculo e o facilitador percorrerá seu interior com a caixa enfeitada, oferecendo um presentinho para cada participante.

b) Quando todos tiverem retirado um presentinho da caixa, será iniciada a música "Canção da América".

c) Os participantes deverão caminhar lentamente pela sala e, cada vez que uma pessoa "cruzar" outra, os presentinhos serão trocados entre elas; as pessoas, quando se encontrarem, também se abraçarão e se despedirão, visto que esta dinâmica será proposta no final da oficina de treinamento.

d) Os abraços e trocas dos presentinhos serão repetidos até o final da música ou até que todos os participantes tenham se encontrado.

e) Posteriormente, cada pessoa abrirá o presentinho com o qual finalizou esta etapa da dinâmica e lerá, para todos, a mensagem que recebeu.

Dinâmicas de grupo para treinamento motivacional

Obs.: Esta dinâmica não requer discussão posterior, por se tratar de uma atividade de despedida. Poderá ser, entretanto, oferecida a palavra caso alguém queira tecer considerações finais a respeito do encontro.

## SUGESTÕES DE MENSAGENS PARA SEREM COLOCADAS NOS PACOTINHOS DE PRESENTE

- ☑ Felicidade é a certeza de que nossa vida não está se passando inutilmente. (Érico Veríssimo)
- ☑ A suprema felicidade da vida é a convicção de ser amado por aquilo que você é, ou melhor, apesar daquilo que você é. (Victor Hugo)
- ☑ Dificuldades reais podem ser resolvidas; apenas as imaginárias são insuperáveis. (Theodore N. Vail)
- ☑ O encanto da vida depende unicamente das boas amizades que cultivamos. (Malba Tahan)
- ☑ Todas as viagens são lindas, mesmo aquelas que fizeres nas ruas do teu bairro. O encanto dependerá do teu estado de alma. (Rui Ribeiro Couto)
- ☑ É possível mudar nossas vidas e a atitude dos que nos cercam simplesmente mudando a nós mesmos. (Rudolf Dreikurs)
- ☑ Acredito firmemente que a única coisa a temer é o próprio medo. (Franklin Delano Roosevelt)
- ☑ Não se pode ensinar tudo a alguém; pode-se apenas ajudá-lo a encontrar por si mesmo. (Galileu Galilei)
- ☑ Há grandes homens que fazem com que todos se sintam pequenos. Mas o verdadeiro grande homem é aquele que faz com que todos se sintam grandes. (Gilbert Keith Chesterton)
- ☑ Torna-se leve a carga que se sabe levar bem. (Ovídio)
- ☑ Feliz de quem atravessa a vida inteira tendo mil razões para viver. (Dom Hélder Câmara)
- ☑ A arte de viver consiste em tirar o maior bem do maior mal. (Machado de Assis)
- ☑ Não basta saber, é preferível saber aplicar. Não é bastante querer, é preciso saber querer. (Goethe)
- ☑ Ninguém ignora tudo, ninguém sabe tudo. Por isso, aprendemos sempre. (Paulo Freire)
- ☑ Ter consciência da própria importância já é um passo para o saber. (Benjamin Disraeli)
- ☑ Deus é forte, Ele é grande, e, quando Ele quer, não tem quem não queira. (Ayrton Senna da Silva)
- ☑ Quem quiser vencer na vida deve fazer como os sábios: mesmo com a alma partida, ter um sorriso nos lábios. (Dinamor)

# 22 — DESPEDIDA COM FLORES

## OBJETIVOS

- ☑ Favorecer a despedida do grupo com uma mensagem positiva.
- ☑ Relembrar a importância do afeto, de um abraço amigo, principalmente nas situações importantes da vida.
- ☑ Reforçar o clima de proposta de mudanças com base no treinamento realizado, uma vez que o grupo vivenciou situações em conjunto com o objetivo principal de resgatar valores que estavam adormecidos.

## MATERIAL

- ☑ Uma rosa para cada participante, tendo a seguinte mensagem escrita numa papeleta fixada em sua haste: "Você já tem a tinta e os pincéis. Pinte um quadro bem bonito do paraíso e depois entre e viva nele".
- ☑ Um vaso grande para acomodar as rosas.
- ☑ Música: "Sorri" ("Smile", de Charles Chaplin, J. Turner, G. Parsons/versão: João de Barro, interpretada por Djavan).
- ☑ Texto: "A bagagem" (autor desconhecido).

## PROCEDIMENTO

a) O grupo será convidado a formar um círculo e o facilitador percorrerá seu centro com o vaso de flores, entregando uma para cada participante.

b) Ao som da música "Sorri", os participantes deverão caminhar pela sala, e cada vez que chegarem próximos de um colega, deverão se abraçar e trocar as rosas entre si.

c) Deverão aproveitar esse momento para se despedirem, pois esta dinâmica é programada sempre para ser a última do encontro.

d) Ao término da música, o facilitador lerá para o grupo o texto "A bagagem" e poderá fazer algumas considerações finais. Depois, poderá oferecer a palavra para as pessoas que desejarem dizer algo.

# TEXTO: A BAGAGEM
## (Autor desconhecido)

Quando sua vida começa, você tem apenas uma mala pequenina de mão.

À medida que os anos vão passando, a bagagem vai aumentando, porque existem muitas coisas que você recolhe pelo caminho, porque pensa que são importantes.

Num determinado ponto do caminho, começa a ficar insuportável carregar tantas coisas, elas pesam demais; então você pode escolher: ficar sentado à beira do caminho, esperando que alguém o ajude – o que vai ser difícil, pois todos os que passarem por ali já terão sua própria bagagem, mas você pode optar por ficar a vida inteira esperando, até que seus dias acabem; ou você pode aliviar o peso, esvaziando a mala.

Mas, o que tirar?

Você começa tirando tudo para fora e observando o que tem dentro:

Amor, amizade... nossa! Tem bastante! E... curioso: essas coisas não pesam nada!

Tem algo pesado. Você faz força para tirar: era a raiva! Nossa, como ela pesa!

Aí você começa a tirar, tirar e aparecem: a incompreensão, o medo, o pessimismo... Nesse momento, o desânimo quase te puxa para dentro da mala. Mas você o puxa para fora com toda a força e no fundo da mala aparece um sorriso, que estava sufocado no fundo da sua bagagem.

Pula para fora outro sorriso, e mais outro, e aí sai a felicidade!

Você coloca as mãos dentro da mala de novo e tira pra fora a tristeza...

Agora, você vai ter que procurar a paciência dentro da mala, pois vai precisar bastante!

Procure, então, o resto: a força, a esperança, a coragem, o entusiasmo, o equilíbrio, a responsabilidade, a tolerância e o bom e velho humor.

Tire a preocupação também. Deixe de lado; depois você pensa o que fazer com ela.

Bem, sua bagagem está pronta para ser arrumada de novo.

Mas pense bem no que vai colocar lá dentro outra vez, hein?

Agora é com você.

E não se esqueça de fazer isso mais vezes, pois o caminho é muito, muito longo.

## PAINÉIS DE AVALIAÇÃO

As oficinas de treinamento planejadas e coordenadas por mim normalmente duram de três a cinco dias, em período integral, com o mesmo grupo de pessoas.

Acontecem, porém, oficinas compactadas, de um ou dois dias, dependendo da disponibilidade e da necessidade do solicitante e do próprio grupo.

Ao final de cada dia de oficina, acredito ser de grande valia que seja feita uma breve avaliação dos trabalhos.

Esse é um *feedback* importante, que possibilitará correções e adaptações futuras, caso sejam necessárias.

Sugiro que as avaliações sejam instrumentalizadas com painéis, como os que são exemplificados a seguir.

### SUGESTÃO 1: "PAINEL DO MAR"

*(A SER UTILIZADO EM OFICINAS DE TREINAMENTO COM DURAÇÃO DE TRÊS A CINCO DIAS)*

a) Montar um painel, desenhando e pintando, com tinta plástica para artesanato, num papelão grosso, um mar que tenha como pano de fundo o céu. Depois de seco, deverá ser protegido por papel autocolante transparente. Esse painel deverá ser pendurado (ou fixado) numa das paredes da sala onde será realizado o treinamento.

b) À parte, desenhar em cartolina, pintar – também com tinta plástica para artesanato – e recortar peixinhos coloridos, barquinhos coloridos e passarinhos coloridos, na quantidade igual à de participantes que comporão o grupo. Todos esses itens também deverão receber, tanto no lado da frente quanto no de atrás, proteção de papel autocolante transparente.

c) Ao final do primeiro dia de encontro do grupo, cada um dos integrantes dirigir-se-á ao painel do mar e nele fixará, com um rolinho de fita adesiva ou fita-crepe, um peixinho colorido, quando então fará sua avaliação pessoal sobre o dia de atividades, colocando suas opiniões para que todos ouçam.

d) Ao final do segundo dia de encontro, seguindo a mesma metodologia, os participantes fixarão barquinhos e, no terceiro dia, passarinhos.

e) Caso a oficina de treinamento aconteça num período superior a três dias, o facilitador deverá confeccionar novos elementos para serem fixados no painel, tais como: conchinhas, pequenas algas marinhas, pequenos cavalos-marinhos, ou outros, de acordo com a criatividade.

## Sugestão 2: "Painel do céu"
*(Para grupos que vivenciarão a oficina em um único dia)*

a) Recortar, em papel *color-set* azul, o esboço de um céu e plastificá-lo, como no painel anterior. Enfeitar o painel com algumas pequenas nuvens, confeccionadas em cartolina branca e revestidas com algodão. Ornamentá-lo com uma meia-lua feita de isopor e decorada com *glitter* prateado. Esse painel será, então, pendurado (ou fixado) em uma das paredes da sala de treinamento.

b) À parte, recortar e plastificar estrelas de papel laminado prateado, em quantidade igual à de integrantes do grupo.

c) Ao final do encontro, cada participante deverá pegar uma estrela e proceder à sua avaliação, como no painel anterior.

## Sugestão 3: "Painel do bolo"
*(Para grupos que vivenciarão a oficina em um único dia)*

a) Desenhar, em cartolina, um bolo de aniversário, depois pintá-lo dando um acabamento de bolo confeitado, recortar e plastificar. Fixá-lo numa das paredes da sala de treinamento, a exemplo dos outros dois.

b) À parte, desenhar, pintar, recortar e plastificar velinhas tipo palito como se estivessem acesas, em número igual ao dos integrantes do grupo.

c) Realizar a avaliação como nas outras sugestões, fixando, desta vez, as velinhas no painel do bolo.

## Sugestão 4: "Painel do jardim"
*(Para grupos que vivenciarão a oficina em dois dias de encontro)*

a) Pintar, em um papelão grosso, um gramado, tendo como pano de fundo o céu, e plastificá-lo com papel autocolante transparente, como nos outros casos, fixando-o numa das paredes da sala.

b) À parte, desenhar, em cartolina, pintar, recortar e plastificar pequenas flores e borboletas, em número igual ao dos participantes do grupo.

c) Proceder como nos outros casos, sendo que, no primeiro dia, os integrantes do grupo deverão fixar no painel as flores e, no segundo dia, as borboletas, ao verbalizarem suas avaliações.

> *Observação:* Essas são apenas algumas sugestões para painéis de avaliação. O facilitador deverá valer-se de sua criatividade para elaborar a montagem de outros. As avaliações no final do dia podem ser apenas verbalizadas. Porém, a forma de avaliação apresentada, além de agradar às pessoas, oferece uma oportunidade para que cada uma delas se coloque diante do grupo, o que auxilia na desinibição e na fluência verbal de todos, portanto pode e deve ser aproveitada pelo facilitador.

## SUGESTÕES PARA DIVISÃO DO GRUPO EM SUBGRUPOS

Várias das dinâmicas utilizadas nas oficinas requerem a divisão do grupo em subgrupos.

É muito produtivo que as pessoas participem da formação de vários subgrupos diferentes, favorecendo, assim, uma maior sociabilidade, além da troca diversificada e mais rica de experiências entre os integrantes.

O sucesso de um treinamento, como já foi dito diversas vezes neste livro, está também vinculado ao cuidado nos detalhes.

Para dividir os participantes em subgrupos, proponho observar estes detalhes, incluindo materiais confeccionados com carinho e capricho, como as opções descritas a seguir:

a) Pinte, de várias cores, palitos de sorvete com tinta plástica para artesanato, na quantidade igual ao número de participantes. Coloque-os num saquinho confeccionado com tecido colorido ou feltro de cor vibrante. Quando for necessária a subdivisão do grupo, cada participante deverá apanhar um palito de dentro do saquinho e, de acordo com a cor que pegou, juntar-se à equipe correspondente.

b) Seguindo a mesma metodologia, confeccione e plastifique, com papel autoadesivo transparente, pequenos corações em papel *color-set* de cores variadas. Assim, os subgrupos serão formados de acordo com a cor dos coraçõezinhos.

c) Proceda à divisão em subgrupos, utilizando botões de roupa grandes e bem coloridos para dividir os integrantes em pequenos grupos.

d) Utilize pedrinhas de aquário coloridas e subdivida o grupo de acordo com as cores.

e) Confeccione pequenas florzinhas em cartolina, pinte-as com tinta plástica para artesanato, plastifique-as e recorte-as. As pessoas irão se juntar segundo a cor da florzinha que pegarem de dentro do saquinho de tecido ou feltro.

f) Realize a divisão do grupo, utilizando balas de diferentes sabores. Assim, se for necessário dividir um grupo de 30 pessoas em cinco subgrupos, coloque, no saquinho de tecido colorido ou feltro:

- ☑ seis balas iguais, com a embalagem vermelha;
- ☑ seis balas iguais, com a embalagem verde;
- ☑ seis balas iguais, com a embalagem amarela;
- ☑ seis balas iguais, com a embalagem prateada;
- ☑ seis balas iguais, com a embalagem lilás.

> Após todos retirarem suas balas do saquinho, deverão juntar-se em equipes de acordo com a cor da embalagem.

g) Promova a divisão em subgrupos, com bexigas vazias coloridas. Coloque, no saquinho do sorteio, bexigas em número igual ao dos participantes do grupo, sendo a quantidade de cores a mesma do número de equipes desejadas. Depois que todos estiverem organizados em subgrupos, de acordo com a cor da bexiga que pegaram, antes que realizem a dinâmica propriamente dita, sugira que encham as bexigas, dancem, brinquem e se divirtam, ao som de uma música bem alegre.

h) Coloque para o sorteio das equipes, dentro do saquinho colorido, papeletas com nome de animais. Assim, se você quiser dividir um grupo de 30 pessoas em cinco subgrupos, escreva:

- ☑ em seis papeletas, galinha;
- ☑ em seis papeletas, gato;
- ☑ em seis papeletas, cachorro;
- ☑ em seis papeletas, pintinho;
- ☑ em seis papeletas, leão.

> Depois que os participantes tiverem retirado suas papeletas, deverão, todos ao mesmo tempo, imitar os bichos que pegaram e se agrupar de acordo com os sons.

# SUGESTÕES DE MENSAGENS PARA ORNAMENTAÇÃO DA SALA DE TREINAMENTO

## Sugestão A:

Confeccione um cartazete bem elaborado, em papel colorido ou cartolina, com a frase abaixo e fixe-o em uma das paredes da sala:

Existe alguém que poderá fazê-lo imensamente feliz.
Que tal conhecer essa pessoa mais intimamente?
Para começar, olhe no espelho.
Sorria e diga: "Olá!".

Ao lado dessa mensagem, pendure um espelho pequeno.

> Obs.: O ideal é que esse trabalho seja colocado num local bem visível, de acesso imediato da sala, como, por exemplo, na porta de entrada ou numa parede em que todos o vejam, logo que entrem no espaço de treinamento.

## Sugestão B:

"Um passo apenas"
(Ralph Marston)

*Não importa há quanto tempo você esteja andando para o norte; com apenas um passo, você é capaz de andar para o sul.*

*O que é preciso para dar uma volta de 180 graus na sua vida?*
*Apenas um passo.*

*Você está apenas a um passo de uma dieta mais equilibrada,*
*a um passo de melhorar suas finanças pessoais,*
*a um passo de ser um profissional melhor,*
*a um passo de ter um relacionamento mais gratificante.*

*Daqui a um minuto, seus piores problemas*
*podem estar todos atrás de você,*
*ao invés de estarem na sua frente.*

*Com apenas um passo,*
*o melhor dia da sua vida pode ainda estar por vir,*
*e não estar perdido em algum lugar do passado distante.*
*Num instante, todas as energias negativas na sua vida*
*podem ser redirecionadas para alguma coisa positiva.*

*Apenas um passo é necessário para romper essa inércia,*
*e dar à sua vida o rumo que você realmente gostaria que ela tivesse.*

## Sugestão C:

"A trajetória do campeão"

Para o homem de grande visão, recolher o lixo das ruas não incomoda, pois ele sabe que isso faz parte da tarefa de tornar o planeta mais belo.

Enquanto para o homem de pouca visão, tornar o planeta mais belo não fascina, pois ele sabe que esse desejo traz consigo o trabalho de recolher lixo dos caminhos.

Para criar um mundo onde as realizações sejam obras do coração, existe um caminho de desafios.

A única maneira de ele ser superado com tranquilidade é olharmos para o objetivo, e não para os obstáculos.

## Sugestão D:

"Se a equipe for de qualidade e estiver realmente comprometida com a superação de desafios, controlando suas emoções e trabalhando arduamente para vencer cada obstáculo, é praticamente impossível que o barco vire".
(Bob Nelson, consultor americano)

## Sugestão E:

"Amizade"
(Autor desconhecido)

*Se a tristeza vier por qualquer motivo,*
*faça o seguinte:*

*Assopre o pensamento triste,*
*deixe escorrer a última lágrima,*
*conte até vinte.*

*Abra então a janela, aquela que dá para o voo dos pardais,*
*procure a luz que pisca lá na frente*
*(evite as sombras que ficaram lá pra trás).*

*Ao encontrá-la,*
*coloque-a dentro do peito*
*de tal jeito, que possa ser notada*
*do lado de fora;*
*acrescente agora uma pitada de poesia,*
*do tipo que passa por nós todos os dias*
*e nem sequer consegue ser notada;*
*aumente o brilho,*
*com toda a intensidade de que um sorriso é capaz.*

*A felicidade é o seu limite,*
*e o paraíso é você mesmo que faz.*

*Não se esqueça jamais disso e viva feliz!!!*

## SUGESTÃO F:

"Oração do grupo"
(Autor desconhecido)

*Senhor, eu te peço pelo nosso grupo.*
*Para que nos conheçamos melhor*
*Em nossas aspirações e*
*Nos compreendamos mais*
*Em nossas limitações.*

*Para que cada um de nós sinta e viva*
*As necessidades dos outros.*

*Para que nossas discussões não nos dividam*
*Mas nos unam em busca da verdade e do bem.*

*Para que cada um de nós*
*Ao construir a própria vida*
*Não impeça o outro de viver a sua.*

*Para que nossas diferenças*
*Não excluam ninguém da comunidade.*

*Para que olhemos para cada um, Senhor,*
*Com Teus olhos*
*E nos amemos com Teu coração.*
*Para que nos conheçamos melhor...*

*Para que nosso grupo não se feche em si mesmo*
*Mas seja disponível, aberto, sensível*
*Aos desejos dos outros.*

*Para que no fim de todos os caminhos*
*Além de todas as buscas*
*No final de cada discussão*
*E depois de cada encontro*
*Nunca haja "vencidos"*
*Mas sempre "irmãos".*
*Amém.*

# CONSIDERAÇÕES FINAIS

Ao iniciar uma oficina, sempre reúno os participantes em círculo e conversamos sobre a importância de: a) observarmos os detalhes que compõem a nossa vida; b) explorarmos todo e qualquer ambiente em que nos encontremos, conservando o nosso olhar como fazem as crianças ao olharem tudo o que existe em volta com vontade de aprender mais; c) conservarmos nossa curiosidade pelo que é bom e positivo, buscando conhecer sempre novos aspectos que haviam passado despercebidos anteriormente.

Relembramos, ainda, a força que carrega o cumprimento às pessoas, manifestado com a intenção verdadeira de que tudo seja bom para elas. Assim, o bom-dia, ou o boa-tarde ou o boa-noite devem ser expressados com vontade real de que, para o outro, aconteça tudo de bom mesmo, pois essa energia vai até o outro e volta a nós com maior intensidade ainda. Nesse momento, cumprimentamo-nos dizendo bem alto "bom-dia" (ou boa-tarde, ou boa-noite).

Em seguida, ouvimos um trecho de oração, lembrando, contudo, que nosso objetivo na oficina não é o de cultuar esta ou aquela religião, mas perceber o quanto é bom entrarmos em sintonia com o nosso "Eu Superior", com nossa espiritualidade, tão importante para nós na busca da realização do nosso ser (ofereço, como sugestão para essa ocasião, o CD *Desiderata*, com textos narrados e interpretados por Cid Moreira, com 24 faixas, o que possibilita uma grande variedade de opções para a reflexão do grupo no início dos trabalhos).

Finalmente, reforço a importância de alinharmos nosso corpo e nossas energias sempre que nos sentirmos cansados e lembro que podemos de certa forma conseguir isso nos espreguiçando e bocejando — não é à toa que as crianças pequenas e os animais respeitem tanto esse ritual, a ponto de repeti-lo inúmeras vezes ao dia; vamos, porém, crescendo e deixando para trás as coisas que são tão simples e tão importantes para o nosso bem-estar.

Depois nos espreguiçamos, bocejamos todos juntos e iniciamos as dinâmicas, escolhendo, como primeira delas, alguma que possa favorecer a apresentação entre as pessoas do grupo.

Na maioria das dinâmicas que desenvolvo, utilizo textos para sua conclusão e seu fechamento, pois essa é a metodologia de trabalho que mais se enquadra nas minhas características pessoais e profissionais.

As sugestões feitas neste livro, contudo, deverão ser adaptadas às necessidades de aplicação, segundo as possibilidades e especificidades de cada oficina e as características de cada facilitador.

Os textos e músicas que foram indicados poderão ser abstraídos e/ou substituídos por outros, salvo nos casos em que forem matéria-prima para a realização da dinâmica.

## TABELA DE CLASSIFICAÇÃO DAS DINÂMICAS DE GRUPO

117

**Dinâmicas** de grupo para treinamento motivacional

| Pág. | Dinâmica | Recursos | Apresentação, autoconhecimento, familiarização entre as pessoas | Inter-relacionamento pessoal, afetividade | Relaxamento, energização, sensibilização | Importância do trabalho em equipe e do feedback positivo | Liderança, competitividade, responsabilidade, consenso | Criatividade, expressividade, organização, cooperação | Estimular a ludicidade, a alegria, o bom humor, o alto-astral | Despedida, troca de carinho e afetividade |
|---|---|---|---|---|---|---|---|---|---|---|
| 25 | O voo do pássaro | Música suave, mensagens | ● | ● | ● | | | | | |
| 29 | A lista | Músicas, canetas, papel sulfite, corações de papel color-set, texto | ● | ● | ● | | | ● | | |
| 35 | Dizem que sou louco | Música, tarjetas, canetas, fita adesiva | ● | ● | | ● | | ● | ● | |
| 39 | Bola em círculo | Música, bola colorida, texto | ● | ● | | ● | | ● | ● | |
| 43 | Os índios | Música, rolinhos de papel crepom, fitas adesivas coloridas, cocares | | ● | | ● | ● | ● | | |
| 47 | Onde é que está? | Dois jogos "Lince" ou similares, caixa de bombons, fita adesiva, texto | | ● | | ● | ● | ● | | |
| 51 | Colar de letras | Colares de letras pré-confeccionados, lousa, texto | | ● | | ● | ● | ● | | |
| 55 | Trenzinho da massagem | Músicas, cópias da letra da música "É" (Gonzaguinha) | | ● | ● | ● | ● | ● | ● | ● |
| 59 | Bolinhas de sabão | Música, copinhos, canudos e detergente, texto | ● | ● | ● | | | ● | ● | ● |
| 63 | Dança das bexigas | Música, balões de aniversário, texto | ● | ● | ● | | | | ● | ● |
| 67 | Roda de amigos | Música, peça de elástico, texto | ● | ● | | ● | | ● | | ● |
| 69 | Relaxamento pela respiração | Músicas | ● | ● | ● | | | ● | | |
| 71 | O personagem | Música, formulário pré-confeccionado, canetas | | | | | | ● | | |
| 75 | Aviõezinhos de elogios | Música, papel sulfite, canetas, texto | ● | ● | ● | ● | | ● | ● | ● |
| 79 | Energização em duplas | Música, texto | ● | ● | ● | | | ● | | ● |
| 83 | Fitas coloridas | Músicas, rolinhos de papel crepom, fita adesiva, papel-manilha, texto | ● | ● | ● | ● | | ● | ● | |
| 87 | Movimentando a roda | Música, texto | ● | ● | | | ● | | ● | |
| 91 | Montagem com argila | Argila, recipientes com água, palitos, texto | ● | ● | ● | ● | | ● | | |
| 95 | Furo de reportagem | Papel sulfite, canetas, envelopes | | ● | | ● | | | | |
| 99 | O balão | Músicas, balão de aniversário gigante, balas, alfinete | ● | ● | ● | | | ● | ● | ● |
| 101 | Presentinhos | Música, "presentinhos" pré-confeccionados, caixa enfeitada | | ● | ● | | | ● | | ● |
| 103 | Despedida com flores | Música, rosas naturais, vaso, texto | | ● | ● | ● | | ● | | ● |

# BIBLIOGRAFIA

ANTUNES, Celso (1997). *Manual de técnicas de dinâmica de grupo de sensibilização de ludopedagogia.* 11ª ed. Petrópolis: Vozes.

BORGES, Giovanna L. (2002). *Dinâmicas de grupo: Redescobrindo valores.* 5ª ed. Petrópolis: Vozes

BRITTO, Melcíades J. (2000). *Histórias que ninguém contou, conselhos que ninguém deu.* São Paulo: DPL.

BROTTO, Fábio (1997). *Jogos cooperativos: Se o importante é competir, o fundamental é cooperar.* Santos: Renovada.

_____ (2001). *Jogos cooperativos: O jogo e o esporte como um exercício de convivência.* Santos: Projeto Cooperação.

CATUNDA, Ricardo (2000). *Recriando a recreação.* Rio de Janeiro: Sprint.

FRITZEN, Silvino J. (1990). *Janela de Johari: Exercícios vivenciais de dinâmica de grupo.* Petrópolis: Vozes.

_____ (1997). *Exercícios práticos de dinâmica de grupo.* 24ª ed., vol. I. Petrópolis: Vozes.

GONÇALVES, A.M. e PERPÉTUO, S.C. (1998). *Dinâmica de grupo na formação de lideranças.* Rio de Janeiro: DP&A.

KROEHNERT, Gary (2001). *Jogos para treinamento em recursos humanos.* Trad. de David Aparício. São Paulo: Manole.

LAMBERT, Eduardo (1995). *Relaxterapia: A cura pela respiração – Um verdadeiro relaxamento anti-stress.* São Paulo: Siciliano.

MARCELLINO, N.C. (org.) (2002). *Repertório de atividades de recreação e lazer.* Campinas: Papirus.

MILES, Matthew B. (1968). *Aprendizagem do trabalho em grupos.* São Paulo: Cultrix.

MIRANDA, Simão de (1999). *Oficina de dinâmica de grupos para empresas, escolas e grupos comunitários.* 9ª ed., vol. I. Campinas: Papirus.

_____ (2000). *Oficina de dinâmica de grupos para empresas, escolas e grupos comunitários.* 3ª ed., vol. II. Campinas: Papirus.

_____ (2001). *101 atividades recreativas para grupos em viagens de turismo.* Campinas: Papirus.

SARAYDARIAN, T. (1990). *A psicologia da cooperação e consciência grupal.* São Paulo: Aquariana.

YOZO, Ronaldo Y.K. (1996). *100 jogos para grupos: Uma abordagem psicodramática para empresas, escolas e clínicas.* São Paulo: Ágora.